Wie gefährlich ist radioaktive Strahlung?

Uwe Bastiansen, geboren 1939 in Langen. Lebt als freier Publizist in Eschollbrücken.

Gerhard Schneider, geboren 1948 in Marburg. Studium der Medizin bis 1974, Weiterbildung in Innerer Medizin und Radiologie. Seit 1983 Facharzt für Radiologie. 1985 Teilgebietsbezeichnung Strahlentherapie. Derzeit als Strahlentherapeut an den Städtischen Kliniken Darmstadt beschäftigt.

Wer hat nicht im Mai 1986 überlegt, ob der Salat noch eßbar ist, wer hat nicht auf Frischmilch verzichtet? — Die Angst vor ionisierenden Strahlen hat die Menschen aktiv gemacht. Die Welt — so schien es — stand plötzlich auf dem Kopf. Hieß es noch früher »lieber heute aktiv als morgen radioaktiv«, so ist es seit Mai 1986 umgekehrt.

Angst entsteht aber auch aus Unwissenheit. Die Unwissenheit abbauen helfen ist eines der Ziele, die sich dieses Buch setzt. Es soll in verständlicher Sprache ein Grundwissen über Risiken, Gefahren und Langzeitwirkungen ionisierender Strahlung geben. Es wird nicht verschwiegen, wo Unsicherheit herrscht, und auch nicht, wo Hilflosigkeit bleibt.

Die Verfasser maßen sich nicht an, berechtigte Ängste vor den Gefahren ionisierender Strahlen zu verharmlosen, zumal sie selbst betroffen sind. Ein sehr persönliches Nachwort über den Umgang mit der Angst ergänzt daher die Informationen.

Uwe Bastiansen · Gerhard Schneider

Wie gefährlich ist radioaktive Strahlung?

Verständliche Antworten auf lebenswichtige Fragen

Eichborn Verlag

Inhalt

Für Mitarbeit und wissenschaftliche Beratung danken wir Herrn Dr. Brüne und Herrn Dr. Zimmer, Hessische Landwirtschaftliche Versuchsanstalt U. B./G. S.

CIP-Kurztitelaufnahme der Deutschen Bibliothek

Bastiansen, Uwe:
Wie gefährlich ist radioaktive Strahlung? : 235
Fragen u. Antworten zum lebenswichtigen Thema /
Uwe Bastiansen ; Gerhard Schneider. — Frankfurt am
Main : Eichborn, 1986.
ISBN 3-8218-1109-9
NE: Schneider, Gerhard:

Cover: Uwe Gruhle unter Verwendung einer Fotografie von Beate Klerner · Gesamtherstellung: Fuldaer Verlagsanstalt GmbH · ISBN 3-8218-1109-9 · Verlagsverzeichnis schickt gern: Eichborn Verlag, D-6000 Frankfurt 70

Vorwort

Das Unglück von Tschernobyl hat alle sensibilisiert. Experten genauso wie die sogenannten einfachen Leute. Offenbar sind die Politiker als Hornhautspezialisten noch am ehesten intakt geblieben, was Abwägen, Abwiegeln und Abstandhalten anbelangt. Bei einer so heißen Sache kann die Fähigkeit, einen kühlen Kopf zu bewahren, nicht nur eine Tugend sein, die die Urteilsfähigkeit stärkt, sie kann auch einen erschreckenden Mangel an Wissen und Phantasie verraten.
Radioaktivität ist unsichtbar, und zugleich ist sie Gegenstand und Produkt einer hochspezialisierten, für den Laien unzugänglichen Wissenschaft. Genau diese Kombination beider Eigenschaften, die Unsichtbarkeit der Bedrohung, und die Autorität einer nobelpreisgesegneten Fachdisziplin, die sich mit dieser Bedrohung beschäftigt, hat die Angst hervorgerufen. Dies geschah in einem Maße wie vielleicht nur zu den Zeiten der großen Pestepidemien. Damals war es auch ein unsichtbarer Feind, für den sich die anonyme Autorität der Kirche zuständig fühlte. Die Symptome der unsichtbaren Schlacht, die der Teufel gegen Gottes Kinder führte, fluteten damals in mörderischen Wellen durch die Länder. Diesmal lassen selbst die Symptome auf sich warten. Das Wort Spätschäden geistert herum wie eine Drohung, von der niemand zu wissen scheint, wie ernst man sie nehmen muß.
Auch der Gedanke der Strafe taucht wieder auf wie zu Zeiten der Seuchen und Hungersnöte. Diesmal ist es nicht der

Teufel, sondern die entfesselte Technik, der Zauberlehrling, dem man nicht Einhalt gebieten kann.
Und er steht noch dazu im Bund mit einer der größten Geißeln der Neuzeit, deren unbarmherzige Schläge auch die Medizin bisher nicht hat abwehren können: dem Krebs.
Angegriffen scheint nicht nur die Gesundheit. Es geht auch um so heilige Tempelbezirke wie Schrebergärten und Verzehrgewohnheiten. Da steht der Salat in diesem Frühjahr so schön wie nie zuvor im eigenen Garten. Und ich soll ihn nicht essen dürfen? Das ist wirklich ein Alptraum. Und es ist mein ganz privater. Allerdings, es gibt ihn auch beim Nachbarn hinterm Zaun. Niemand kann sagen, er sei weit weg davon. Die Verdrängung über räumliche Abstände funktioniert diesmal nicht.
Und doch, es gibt neben der physikalischen und biologischen Halbwertszeit leider auch eine psychische. Die Sensibilisierung, die Angst, die Ratlosigkeit auch der Experten, die sich plötzlich in die Rolle gottähnlicher Wesen und Ratgeber gedrängt fühlen und zugleich wissen, wie wenig sie wissen, auch die Neugier gegenüber den unanschaulichen Phänomenen aus dem Bereich der atomaren Welt, all dies zerfällt von Tag zu Tag.
Die einlullenden Töne der Politiker sind gar nicht mehr nötig. Das plötzlich aufgewachte und schreiende Kind schläft auch von selbst bald wieder. Vielleicht ist die psychische Halbwertszeit der physikalen des Jod 131 vergleichbar. Die Woche, jenes Intervall also, in dem auch kritische Medien wie Spiegel und Stern, die sich des Themas annahmen, erscheinen, ist wohl die Zeiteinheit, in der sich die Angst jeweils halbiert.

Bald wird alles so sein wie zuvor. Der unsichtbare Tod wird dank einer guten Durchmischung noch unsichtbarer sein als zuvor. Es trifft uns ja alle, einschließlich der Politiker und Experten, also trifft es niemanden. Schon hört man auch von den anfangs aufgeschreckten Fachleuten die Beschwörungsformel: »Man muß mit der Radioaktivität leben.« Das ist wohl leider richtig, denn radioaktiv bedingte Schäden sind keine Krankheiten wie Masern oder Zahnweh, gegen die es eine echte Therapie gibt. Die Erde kann man leider auch nicht entsorgen. Sie wird ja insgesamt immer mehr zu einer einzigen, gigantischen Sondermülldeponie. Die Frage ist, ob man auch mit den gesellschaftlichen Verhältnissen leben muß, die diese Entwicklung heraufbeschworen.

In diesem Buch wird der Versuch gemacht, gegen die psychische Halbwertszeit Erinnerungen an Fakten und Diskussionen wachzuhalten, die für kurze Zeit die Medien dominierten. Es wird darüber hinaus versucht, Zusammenhänge allgemeinverständlich zu erklären.

Die Autoren bemühen sich dabei, weder auf- noch abzuwiegeln. Sie haben nur die Absicht, dem allgemein jetzt einsetzenden Verdrängungsstrom Hindernisse in das Bett zu legen. Es ist also kein Fachbuch, kein Lexikon, auch kein salopper oder gebildeter Dialog. Es ist ein Kompromiß, der von verschiedenen didaktischen Techniken zehrt. Dabei kann nichts Umfassendes, nichts Komplettes herauskommen. Aber die Unsichtbarkeit der radioaktiven Gefahr und die Nebelhaftigkeit der vielen Fachmeinungen dazu können für den Leser vielleicht etwas Konturen bekommen.

Damit wäre schon viel erreicht.

Fragen und Antworten

B: Ist es richtig, wenn man dich als Strahlenschutzexperten bezeichnet?

S: Solche Leute sitzen eigentlich in der amtlichen Strahlenschutzkommission. Deshalb bin ich streng genommen kein Strahlenschutzexperte. Ich habe Medizin studiert und bin Arzt für Radiologie mit dem Teilgebiet Strahlentherapie. Ich behandle Patienten mit hohen Dosen von ionisierenden Strahlen, um sie von ihren Krebserkrankungen zu heilen. Außerdem bin ich einer von mehreren Strahlenschutzbeauftragten an einer Klinik und habe dafür zu sorgen, daß möglichst keine unnötigen Strahlenbelastungen für Patienten auftreten, weder zu diagnostischen noch zu therapeutischen Zwecken.

B: Dich hat erst die aktuelle Entwicklung, die Diskussion um Tschernobyl, in die Rolle des Experten gedrängt, weil du plötzlich mit Fragen verängstigter Menschen konfrontiert wurdest, die von dir als Fachmann Rat und Hilfe erwarten?

S: Ja, das ist richtig. Ich habe mich früher durch die Strahlenschutzkurse hindurchgequält und habe es als belastend empfunden, was man da alles wissen muß, weil ich mir gedacht habe, das ist ja in Wirklichkeit furchtbar einfach: Wir haben bei uns in der Klinik die Strahlen in einem Kasten, und abends machen wir den Kasten zu, und dann ist Ruh. Aber nach Tschernobyl habe ich festgestellt, daß Strahlenschutz eine sehr politische Angelegenheit ist und auch früher schon war. Das hat mich motiviert, an dieser Thematik zu arbeiten und das Wissen über schädliche Strahlenwirkungen auch anderen Menschen zugänglich zu machen.

B: Es gab und gibt ja wohl auch Entsorgungsprobleme in den Krankenhäusern.

S: In der Tat. Das gilt vor allem für die nuklearmedizinischen Abteilungen. Ich selbst habe an einem Institut gearbeitet, das damals nicht einmal eine Abklinganlage gehabt hat, so daß die zumeist mit radioaktivem Jod verseuchten Abwässer direkt in die Kanalisation geleitet wurden. Das ist heute nicht mehr möglich. Inzwischen gibt es entsprechende gesetzliche Auflagen. Man kann sagen, daß die Medizin für die radioaktive Gewässerverschmutzung in viel höherem Maße verantwortlich war als etwa die Kernkraftwerke, soweit sie normalbetrieblich arbeiten.

B: Wenn man solche Belastungen in Kauf genommen hat, muß es doch eine positive Seite an der Radioaktivität geben?

S: Freilich. Strahlen haben, bezogen auf den Menschen, zwei Gesichter. Das eine, mit dem ich mich beruflich beschäftige, sind die Erkennung und die Heilung von Krankheiten. Das andere, mit dem wir jetzt alle in zunehmendem Maße zu tun bekommen, ist die Auslösung von Krankheiten.

B: Strahlen sind also ein Medikament, das in Überdosis gefährlich werden kann?

S: Ganz so einfach ist es nicht. Bei Medikamenten kann man davon ausgehen, daß die Dosis den Wirkungscharakter ausmacht. Das hat der alte Paracelsus schon gesagt. Die verabreichte Dosis entscheidet darüber, ob es ein Heilmittel oder ein Gift ist. Bei der Strahlung ist es fast umgekehrt. Die heilende Wirkung im Bereich der Krebsbehandlung können wir nur durch hohe Dosen erreichen. Zugleich wissen wir, daß, wenn Patienten ihre Erkrankung sehr lange überleben, durch diese hohe Dosis neue Krebserkrankungen, Leukämien, ausgelöst werden können. Spätfolgen also, wie sie jetzt in der Öffentlichkeit breit diskutiert werden. Aber auch niedrige Dosen können das, ganz gegen die Paracelsische Regel.

B: Bevor wir in die Problematik des Niedrigdosenbereichs einsteigen, und das ist wohl das kritische Zentrum der Diskussion über Radioaktivität, sollten wir vielleicht ein paar Begriffe und physikalische Hintergründe klären. Wenn die Bildzeitung mit der Schlagzeile kommt: »Stürzt Kohl über Atom?« dann hört man doch förmlich, wie sehr dieses Wort bereits etwas Magisches bekommen hat. Es wirkt wie ein Fetisch, von Anhängern und Gegnern gleichermaßen wie in einem Beschwörungszauber benutzt. Kaum einer kann sich jedoch unter Atomen konkret etwas vorstellen. Woran liegt das, und wie würdest du diesen Begriff erläutern?

S: Ein Atom ist an sich nichts Magisches. Denn alles,

was wir als gegenständlich erfahren, besteht aus Atomen, der Tisch, an dem wir reden, genauso wie wir selbst, oder die Bildzeitung oder Helmut Kohl. Unanschaulich sind Atome vor allem durch ihre Kleinheit. Zehn Millionen davon aneinandergelegt ergeben erst ca. einen Millimeter. Bis zur ersten beobachteten Kernspaltung hielt man die Atome für die kleinsten unteilbaren Bausteine der Welt.

B: Ewa wie Legosteine?

S: Das ist insofern richtig, als die Natur oder auch der Chemiker Atome in bestimmten Mustern zu Molekülen zusammensetzen kann, ähnlich wie Spielzeug aus Legosteinen, und daß dabei nur bestimmte Muster möglich sind, was wiederum an den Konstruktionseigenschaften der Atome-Legosteine liegt, also wo etwa die Verbindungsnoppen liegen. Im Unterschied zu Legosteinen bestehen die Atome offenbar jedoch nicht aus einem kompakten, gleichmäßig verteilten Material. Sie sind zusammengesetzt. Sie haben eine Struktur. Zuerst entdeckte man, daß man kleine negativ geladene Teilchen von sehr geringem Gewicht, einige tausendmal leichter als das Atom selbst, aus dem Atom herausholen konnte, oder aber hineinstecken konnte wie den Pfennig in ein Sparschwein. Dabei wurde das gewöhnlich elektrisch neutrale Atom natürlich geladen. Positiv im ersten Fall und negativ im zweiten. Man nennt das Ionisation. Wir werden sehen, daß energiereiche Strahlen so etwas bewerkstelligen können. Man nennt sie deshalb auch ionisierende Strahlen.

B: Es gibt doch verschiedene Atommodelle. Was heißt überhaupt Modell in diesem Zusammenhang?

S: Modelle sind anschauliche Vereinfachungen sehr komplizierter unanschaulicher Verhältnisse. Sie haben mehr eine pädagogische als eine erkenntnisvermittelnde Aufgabe. Der Physiker z. B. ermittelt eine Fülle z. T. scheinbar widersprüchlicher Daten, die er unter großen Mühen mathematisch zusammenfaßt. Die Zahlen und Formeln ergeben sozusagen ein mathematisches Modell. Es stellt selber schon eine Vereinfachung der Verhältnisse dar. Dann sucht er sich eventuell noch ein passendes räumlich-anschauliches Modell, in dem die Vereinfachung noch weiter getrieben wird, das jedoch den Vorteil hat, eine gewisse Übersichtlichkeit der Fakten herzustellen. Man darf jedoch nie vergessen, daß Modelle nicht die Wirklichkeit sind. Sie sind vielmehr eine Übertragung, eine Projektion von anschaulichen Erfahrungen aus dem alltäglichen Erlebnisbereich, der von unseren Sinnen, Augen, Ohren, Tastorganen erschlossen wird. Für Phänomene aus dem atomaren Bereich haben wir keine Sinne. Echte Anschaulichkeit ist daher dort auch unmöglich. Die radioaktiven Strahlen sind nicht von ungefähr unsichtbar. Sie sind zu kurzwellig für unsere Augen.

B: Was war das erste wichtige Atommodell?

S: Nach der Entdeckung der Elektronen, von denen man durch bestimmte Versuche herausfand, daß sie sich in einem weiten Abstand um einen fast die ganze Masse des Atoms enthaltenden Punkt herum, dem sogenannten Atomkern, bewegten, kam Rutherford 1912 zu einem Atommodell ähnlich dem Planetensystem. Um einen unteilbaren, extrem festen Kern herum kreisen Elektronen wie Planeten um die Sonne. Der Kern hält sie durch seine Anziehungskraft fest. Das Problem dieses Modells bestand darin, daß Elektronen sich bewegende elektrische Teilchen sind, ähnlich wie Elektronen in einer Radioantenne. Das Atom müßte also Radiowellen abstrahlen. Dies wäre ein ständiger Energieverlust, der dazu führen müßte, daß das Elektron schließlich in den Kern stürzt.

B: Was war der nächste Schritt?

S: Ein Jahr nach Rutherford verbesserte Niels Bohr dessen Atommodell. Die Elektronen können sich danach nur auf festen Hüllen um den Kern bewegen, auf Energieplateaus sozusagen. Wenn ein Elektron das Plateau wechselt, wird Energie verschluckt oder abgegeben, je nachdem, ob es nach außen oder mehr nach innen wechselt. Diese Energie gibt es immer nur in einem feststehenden Betrag, da die Hüllenabstände festliegen. Die Natur ist in diesem Bereich der Atome stufig gebaut. Es gibt keine fließenden Übergänge. Deshalb kann ein Elektron auch normalerweise nicht in den Kern herabfallen. Auch in ihm gibt es übrigens eine Struktur.
Ebenfalls 1913 entdeckte man bei der Beobachtung ionisierender Strahlen die Kernumwandlung. Später gelang es sogar, Kerne zu zertrümmern, indem man sie mit Neutronen beschoß. Also der Kern war keineswegs so

fest, so stabil, wie man angenommen hatte. Man kann sich die Sache anschaulich machen, wenn man sich den Kern etwa auf Tennisballgröße vergrößert vorstellt. Dann umkreisen ihn die Elektronen in zweihundert bis fünfhundert Meter Abstand. Das Atom ist also eigentlich leer, ein fast perfektes Vakuum. Der Kern selber ist sozusagen übervoll. Die dort enthaltenen Strukturen, die man auch Elementarteilchen nennt, befinden sich in einem höchst komplizierten, spannungsreichen engen Beieinander. Sie gleichen Mitgliedern einer überbelegten Wohnung. Sie sind nur durch starke Kräfte oder Mauern daran zu hindern, auseinanderzugehen, den Raum fluchtartig zu verlassen, die Wohngemeinschaft zu sprengen.
Man kann noch sagen, daß es vor allem zwei Typen von Elementarteilchen gibt, Protonen und Neutronen, die einen positiv geladen, die anderen neutral, beide aber etwa gleich schwer. Es sind also lauter Pärchen, die sich da in der Wohnung drängeln. Man geht heute davon aus, daß sie sogar laufend die Geschlechterrolle wechseln, also Neutronen sich in Protonen verwandeln und umgekehrt, und daß dieses Transvestitenspiel sozusagen eine der Bindekräfte ist, die verhindern, daß der Laden auseinanderplatzt. Kritisch wird es vor allem, wenn ein Energiepaket, wie es etwa ein Gammastrahl darstellt, oder ein freies Kernteilchen wie etwa ein Proton oder ein Neutron in diese voll belegte Wohnung eindringt. Dann wird das Ganze ungemütlich, dann wird die Gruppe instabil. Dann fliegt vielleicht ein anderer Bewohner raus, oder das System bricht auseinander: Wir haben eine Kernspaltung.

B: Haben wir jetzt genug Voraussetzungen, um sich unserem eigentlichen Thema zu nähern? Also der Frage, was sind radioaktive Strahlen?

S: Ich glaube auch, daß wir das jetzt erklären können. Die verschiedenen Atome, ich meine, die verschiedenen Sorten, die es ga gibt, die man auch Elemente nennt, also z. B. Sauerstoff, Blei, Helium und so weiter — es gibt über zweihundert solcher Wohngemeinschaftstypen — können, wie schon angedeutet, unterbelegt, richtig belegt oder überbelegt sein, um im Bild zu bleiben. Dabei ändern sie ihre chemischen Eigenschaften nicht, also Blei bleibt Blei, Sauerstoff Sauerstoff, aber sie unterscheiden sich durch den Grad ihrer Stabilität. Man nennt die verschiedenen Bleisorten, also die mit zu wenig, mit gerade richtig, oder mit zuviel Neutronen im Kern übrigens Isotope. Isotope also sind verschieden stark belegte Wohngemeinschaften von Kernteilchen, die chemisch gleich sind, d. h. über die gleiche Protonenzahl verfügen, die durch ihre elektrische Ladung die Zahl der gebundenen Elektronen und dadurch die chemischen Eigenschaften bestimmen, aber unterschiedlich schwer sind, da die Zahl der elektrisch neutralen Einwohner, der Neutronen, unterschiedlich groß ist. Man kann jedes Element instabil machen, indem man Teilchen hineinschießt. Es gibt dann künstliche radioaktive Isotope, die in einem bestimmten Zeitraum wieder zerfallen, indem sie nach und nach, manchmal über einige Zwischenstadien, die Überbelegung beseitigen, Leute rauswerfen, bis am Ende wieder Friede und Stabilität im Kern einkehrt. Was dabei nach außen dringt, ist radioaktive Strahlung, sind rausgeschmissene Mitbewohner.

Übrigens liegt der Fall bei besonders großen und schweren Atomkernen so, daß da aus bestimmten Gründen der interne Kuddelmuddel sowieso recht groß ist. Solche Elemente können auch im sozusagen natürlichen Zustand der Normalbelegung radioaktiv zerfallen. Sie können nicht nur leichter gespalten werden, sie neigen auch von selbst zur Kernumwandlung. Die beiden berühmtesten Elemente dieser Art sind Radium und Uran. Beides sehr schwere Elemente, beides natürliche Strahler.

Becquerel entdeckte 1896 die radioaktive Strahlung des Urans, das Ehepaar Curie zwei Jahre später die des Radiums. Dies war der Anfang einer stürmischen Forschungsentwicklung, mit deren gefährlichen Konsequenzen wir heute zu tun haben. Kein Wunder also, daß die Namen Becquerel und Curie uns in den zur Zeit so häufig genannten Meßwerten wiederbegegnen. Fassen wir zusammen, was wir über Radioaktivität sagen können:

Sie ist das Ergebnis instabiler Kerne, die sich durch Ausstoßung von energiereicher Strahlung zu stabilisieren versuchen. Diese Strahlung kann man sich auch als Strömung von Teilchen vorstellen.

Dabei gibt es für die Kerne die Möglichkeit, größere Brocken rauszuwerfen, zwei Pärchen sozusagen, die zu sehr geklüngelt haben. Dies wären die Alphateilchen. Das sind Heliumkerne, die aus zwei Protonen und zwei Neutronen bestehen.

Dann gibt es die Möglichkeit, Neutronen herauszuwerfen. Das wäre die Neutronenstrahlung, die im übrigen sehr gefährlich ist, da sie eine höhere biologische Wirk-

samkeit hat. Siehe Gefährlichkeit der Neutronenbombe.
Dann gibt es die Möglichkeit, Elektronen herauszuwerfen. Und zwar nicht Elektronen aus der Hülle, sondern aus dem Kern, die dadurch entstehen, daß sich ein überzähliges Neutron in ein Proton verwandelt. Dabei muß sozusagen die Negativladung weg, damit das positive Proton entstehen kann. Das so mit erheblicher Energie herausfliegende Elektron stellt, um im Bild zu bleiben, sozusagen das Geschlechtsmerkmal des Kernteilchens dar. Diese Strahlung nennt man β-Strahlung. Sie ist weniger stark ionisierend als die Alphastrahlung, als Geschoß ca. 8000mal leichter.
Schließlich gibt es noch für die instabilen Atomkerne die Möglichkeit, einfach nur Energie abzugeben. Die Wohngemeinschaft läßt Dampf ab. Das geschieht in Form von Strahlung, die der Röntgenstrahlung ähnelt und die den Namen Gammastrahlung trägt. Ihre »Härte« ist übrigens charakteristisch für ein Element. Es gibt offenbar auch im Kern Energieplateaus, also eine stufenweise Abgabe von Strahlenenergie ähnlich wie in der Hülle. Man macht sich dieses Phänomen bei der Identifizierung von Radionukliden, bei der sog. Gammaspektroskopie, zunutze.
Jetzt hätten wir alle Arten von radioaktiver Strahlung beisammen. Sie ist unterschiedlich gefährlich, von unterschiedlicher Reichweite. Z. B. Gammastrahlung ist auf Grund der Kleinheit der Gammateilchen besonders durchdringend, dafür aber weniger ionisierend als die gröberen Geschosse der Alphastrahlung.

B: Kannst du jetzt die Begriffe natürliche und künstliche Radioaktivität erklären?

S: Eigentlich ist es physikalisch gesehen dasselbe, und daher ist auch die medizinisch-biologische Wirkung gleich. Natürliche Radioaktivität ist also keineswegs harmloser als die von künstlich erzeugten Isotopen, wie sie bei Atombombenexplosionen oder auch in Kernkraftwerken entstehen.
Man kann bei der natürlichen Radioaktivität zunächst zwei Hauptquellen unterscheiden. Einmal die kosmische Strahlung. Das ist harte und weiche Höhenstrahlung, Protonen und Gammateilchen, die aus dem Weltall und der Sonne unsere Atmosphäre treffen und dort ionisierend wirken bzw. Radioisotope erzeugen. Diese strahlen dann ihrerseits. Man nennt das Sekundärstrahlung.
Dann gibt es terrestrische Strahlung, d. h. in und auf der Erdkruste gibt es radioaktive Elemente, die noch aus den bewegten Zeiten der Entstehung unseres Sonnensystems stammen und deren Halbwertzeit so groß ist, daß sie immer noch nicht alle zerfallen sind. Hierzu gehört z. B. das Uran 238 mit einer Halbwertszeit von 4,5 Milliarden Jahren — dies wäre in etwa das Alter der Erde — und das seltenere Uranisotop 235 mit einer Halbwertszeit von 680 Millionen Jahren. Es ist besonders berüchtigt, weil es nicht wie das Uran 238 zur Kernumwandlung neigt, sondern sich spalten läßt und dabei Energien freisetzt, die in Atombomben und Kernkraftwerken zur Anwendung kommen. Auch diese alten Radionuklide erzeugen kurzlebigere Sekundärstrahler, bis sie schließlich in einer Zerfallsreihe bei stabilen Bleiisotopen landen.

Zur natürlichen Radioaktivität rechnen wir auch die von uns selbst im Körper aufgenommenen radioaktiven Elemente, die aus den erwähnten Sekundärprozessen stammen. Das ist vor allem das Kaliumisotop 40, also Kalium mit einer Massezahl (Protonen + Neutronen) von vierzig Kernteilchen.

B: Eigentlich müßte doch die natürliche Belastung durch Radioaktivität trotz der langen Halbwertszeiten allmählich geringer werden?

S: Das ist nicht der Fall, weil sozusagen ein Zuschlag durch die oberirdischen Atomwaffenversuche der 60er Jahre hinzugekommen ist, deren Fallout und Washout, d. h. als Staub oder als Regen, in die Erde eingedrungen sind. Die Gesamtbelastung an natürlicher Radioaktivität, der wir in der hiesigen Gegend ausgesetzt sind, macht etwa 110 Millirem pro Jahr aus, wovon ca. 20 Millirem aus dem eigenen Körper kommen und der Rest etwa zu gleichen Teilen aus terrestrischer und aus kosmischer Strahlung besteht.

B: Du solltest zwischendrin zwei Begriffe klären, die eben gefallen sind. Das eine ist die Halbwertszeit, das andere die Meßeinheit Rem bzw. Millirem.

S: Die Halbwertszeit (HWZ) ist die Zeit, nach der die Hälfte einer bestimmten Menge eines radioaktiven Nuklids zerfallen ist (s. Anhang S. 100 f.). Nehmen wir Jod 131 als Beispiel. Von einem Kilogramm wäre nach einer Woche nur noch die Hälfte radioaktiv, also ein Pfund.

Nach einer weiteren Woche wieder die Hälfte, also ein halbes Pfund, dann ein viertel Pfund und so weiter fort. Diese Konstante, die für Jod 131 demach 8 Tage beträgt, ist unabhängig von der Menge des Stoffes. Sie charakterisiert ihn vielmehr, denn sie umschreibt die statistische Neigung jedes einzelnen Nuklids, zu zerfallen, d. h. von einem instabilen in einen stabilen Zustand überzugehen. Jod hat es also besonders eilig, während Uran sich z. B. extrem viel Zeit läßt. Dies wäre übrigens genauer gesagt die physikalische HWZ.
Es gibt noch zwei andere: Die biologische HWZ und die effektive HWZ. Die biologische HWZ ist die Zeit, in der ein biologisches System, eine Pflanze, ein Tier oder ein Mensch einen aufgenommenen Stoff wieder zur Hälfte ausgeschieden hat. Die effektive HWZ ist die Kombination beider anderen HWZ. Aufgenommenes Jod 131 zerstrahlt im Körper und wird noch zusätzlich ausgeschieden, durch Schweiß, über die Nieren und die Verdauung, durch Ausatmen. Es ist, als ob man aus einer Kanne ausgießt, die außerdem ein Loch hat. Die physikalische HWZ beträgt in diesem Fall wie bereits gesagt 8 Tage, die biologische HWZ auf Grund der für diesen Stoff charakteristischen Stoffwechselprozesse (Anlagerung in der Schilddrüse) 138 Tage. Die effektive HWZ, die uns am meisten interessiert, weil sie die Länge der schädlichen Einwirkung betrifft, wäre in diesem Fall 7,6 Tage (s. Anhang S. 99).
Nun noch zu den Meßeinheiten kurz etwas: Becquerel, dieses magische Klangwort der Tschernobylwochen, ist keine Wirkungsgröße, sondern eine statistische Größe. Sie besagt »1 Atomzerfall pro Sekunde«. Die früher üb-

liche Einheit Curie bedeutete 37 Milliarden Zerfälle pro Sekunde. Beide Einheiten sagen etwas über eine Strahlungsmenge aus, nicht jedoch über deren Gefährlichkeit. Um sie abzuschätzen, muß man mehr über die Intensität, die biologische Wirksamkeit und die Empfindlichkeit des Organismus wissen. Für all diese Faktoren gibt es Einheiten, die teilweise bloße Erfahrungswerte scheinbar mathematisch objektivieren.
Fangen wir mit der Energiedosis an. Sie wird in »rad« gemessen. Energiedosis heißt absorbierte Energie pro Masse. Wenn ein kleiner bzw. leichter Gegenstand von der gleichen Energiemenge an Strahlung getroffen wird wie ein großer, dann erhält er eine entsprechend größere Energiedosis. Die gleiche absorbierte Energiemenge ist für ein Kind also gefährlicher als für einen Erwachsenen.
Eine weitere Präzisierung der Schädlichkeit läßt die Einheit »rem« zu. Sie berücksichtigt nämlich zusätzlich die unterschiedliche biologische Schädlichkeit der verschiedenen Strahlenarten, indem sie einen Strahlenbewertungsfaktor q enthält, der für Neutronenstrahlen z. B. 5 und für Alphastrahlen 20 beträgt. Dadurch wird aus rad die »radiation equivalent man« (=rem), die sogenannte Äquivalentdosis. Für Beta- und Gammastrahlung ist 1 rad gleich 1 rem. Für Alphastrahlung hingegen 20 rem. 1 rad Alphastrahlung ist zwanzigmal gefährlicher als 1 rad Betrastrahlung (s. Anhang S. 99).

B: Was sind eigentlich Gray und Sievert?

S: Seit diesem Jahr gelten die Einheiten rad und rem als

durch die entsprechenden Einheiten Gray und Sievert ersetzt, wobei 1 rad = 1/100 Gray (Gy) und 1 rem = 1/100 Sievert (Sv) bedeutet. Physikalisch ist es dasselbe. Solche Umbenennungen erinnern ein wenig ans Indianerspielen mit seinen erfundenen Häuptlingsnamen.

B: Gibt es noch andere Faktoren bei der Risikoabschätzung?

S: In der Tat muß man, um die Schädlichkeit ionisierender Strahlung auf den Organismus einzuschätzen, nicht nur die Sender-, sondern auch die Empfängerseite berücksichtigen. Der Mensch ist jedoch ein so komplizierter und individuell konstruierter Mechanismus, daß man sich in diesem Bereich von der mathematischen Exaktheit der Faktoren weit entfernt. Zwei Faktoren sind hier von Bedeutung: der Dosisfaktor (g) und der Transferfaktor.
Der Dosisfaktor versucht, die Empfindlichkeit des Organismus, die unterschiedliche Sensibilität einzelner Zellarten, verschiedener Organe, des Alters, des Geschlechts, der Konstitution zu bewerten. Auch die Bestrahlungsdauer spielt hier eine Rolle. Es ist leider ein sehr schwankender Boden.
Der Transferfaktor gibt ein Maß an für die Abnahme der Menge radioaktiver Teilchen auf der Wanderung durch verschiedene Trägersysteme wie Luft und Boden und Wasser und durch die Nahrungskette. Ein Transferfaktor 1 hieße, daß nichts verlorengeht. Ein Faktor kleiner als 1 gibt die vermutete prozentuale Verdünnung des Stoffes bei der Wanderung an. Zur Problematik dieser beiden Faktoren wird später noch einiges zu sagen sein.

B: Kehren wir also vorerst zum Thema natürliche Radioaktivität zurück. Ist sie eigentlich ungefährlich, weil wir schon immer mit ihr leben? Ist sie gar gesund oder zumindest vorteilhaft, weil sie z. B. Mutationen hervorruft, der wir die Entwicklung immer besser angepaßter Lebewesen verdanken?

S: Das ist natürlich eine Frage der Dosis. Es gibt eine Menge von Erkenntnissen über die schädliche Wirkung natürlicher Radioaktivität, wenn man etwa an die sogenannte Bergmannskrankheit der Joachimsthaler und der Schneeberger Bergleute denkt. Es handelt sich um Uran- und Wismutgruben im Erzgebirge, die im neunzehnten Jahrhundert betrieben wurden.
Man kannte das Uran bereits, ohne jedoch um seine außerordentliche Gefährlichkeit zu wissen. Es wurde in verschiedenen Oxydverbindungen in der Glas-, Porzellan- und Emaillemalerei verwendet und zeichnete sich durch einen schwach fluoreszierenden Glanz aus. Es wurde auch bei der Glasherstellung zu sogenanntem Anna- oder Kanarienglas verwendet, mit dem man die ersten Dunkelkammern der Fotolabore verglaste, weil man festgestellt hatte, daß Uranglas zwar lichtdurchlässig ist, aber die chemisch auf der Fotoplatte wirksamen Lichtanteile ausfiltert. Von den Bergleuten starben fast alle an Lungenkrebs. Damals schob man die rätselhafte Krankheit auf die Arsenanteile, die sich im Grubengestein fanden.

B: Das waren natürlich relativ hohe Dosen, denen diese Leute ausgesetzt waren.

S: Die Radioaktivität im Stollen ist nicht übermäßig hoch. Aber die oft vierzig Jahre währende Einatmung des radioaktiven Radons, eines gasförmigen Zerfallsprodukts des Radiums, hat dazu geführt, daß diese Leute zumeist an Spätschäden radioaktiver Belastung starben. Ihre Lunge ist schon nach 13 bis 17 Jahren Arbeitszeit unter Tage mit ca. 3000 rem belastet gewesen. Auch heute noch ist es so, daß in Bad Gastein z. B. Menschen, die dort Gruben mit radonhaltiger Luft aufsuchen, weil die Strahlung angeblich heilsam sein soll, vielleicht nicht selbst gefährdet sind, aber die sie begleitenden Führer und Bademeister wegen der Aktivität in regelmäßigen Abständen ausgewechselt werden müssen. Eine Zeitlang gab es früher auch sogenannte Radiumkissen. Man bettete den Kopf nachts auf ein mit radioaktiven Isotopen kontaminiertes Kissen. Es sollte gegen Erkältungskrankheiten helfen. In der Tat kann Bestrahlung im Niedrigdosisbereich entzündungshemmend wirken. Aber die Risiken von Spätschäden sind natürlich bei einer solchen Therapie der ausschlaggebende Faktor.

B: Natürliche terrestrische Radioaktivität ist zum Teil durch geologische Bedindung sehr unterschiedlich stark. Kennt man Spätschäden aus jenen Gebieten in Indien und Brasilien, wo durch das Vorkommen des Monaszitsandes die jährliche Belastung der Bevölkerung das Fünfzig- bis Hundertfache der hiesigen Strahlendosis beträgt?

S: In Kerala, einem Staat in Indien zum Beispiel, werden in der Tat solch hohe Jahres-Ortsdosen gemessen. Es ist aber nicht möglich, statistisch höhere Krebsraten zu belegen. Das wird von den Vertretern des Schwellendosiskonzepts immer wieder als Argument gegen die Meinung angeführt, es gebe keine Schwellen, d. h., auch die geringste Erhöhung von Radioaktivität führe zu einem Ansteigen des Krebsrisikos. Dazu ist zu sagen, daß die Lebenserwartung der Menschen dort noch heute deutlich unter unserer Lebenserwartung liegt. Sie werden durch Hunger und Mangelkrankheiten praktisch davor bewahrt, in die statistisch relevante Lebensphase für spätfolgebedingten Krebs zu geraten. Nachgewiesen wurden jedoch Erbgutschäden, die zu erhöhtem Mongolismus und Häufung von Totgeburten führen (s. Anhang S. 103).

B: Kann man daraus schließen, daß statistische Bewertungen von Spätfolgeschäden im Niederdosisbereich allgemein dadurch erschwert werden, daß sie von anderen Risikofaktoren der Lebensqualität überlagert sind?

S: So ist es.

B: Eine Frage am Rande: Was ist eigentlich Monazit?

S: Monazit ist ein Mineral, das man auf Grund seines Gehalts an Uran und Thorium als Rohstoff für die Gewinnung von atomarem Brennstoff verwendet. In der Zeit vor dieser technologischen Entwicklung hat man daraus Glühstrümpfe für Gaslampen produziert. Übrigens hat die Firma, die aus diesem Grunde Monazitsand nach Deutschland einführte, ihre Lagerbestände paradoxerweise an eine Zahnpastafirma verkauft, als nämlich durch das Aufkommen der Elektrizität das Ende der Gaslaternenzeit absehbar war. Die Zahnpastafabrik warb dann mit dem Slogan »Alphastrahlen reinigen Ihre Zähne«.

B: Das sind natürlich für uns heute eher Anekdoten, die ein Licht auf die Naivität werfen, mit der früher mit ionisierender Strahlung umgegangen wurde. Auch die den Gammastrahlen physikalisch gleichenden Röntgenstrahlen wurden ja anfangs euphorisch als Wundermittel bewertet und ihre Gefährlichkeit erst spät erkannt. Gibt es auch weniger exotische Vorkommnisse natürlicher Radioaktivität, die für den Normalbürger von heute dennoch von Bedeutung sind?

S: Ich sagte schon, daß wir alle »Kalium-40-Strahler« sind. Kaliumsalze sind wasserlöslich. Wir finden das radioaktive Isotop daher überall, so daß wir mit einer jährlichen Belastung des Menschen von ca. 20 millirem durch ^{40}K rechnen müssen. Das mag wenig sein, aber wir müssen immer an das Additionsprinzip der Einflüsse denken. Der Grundpegel wird jeweils angehoben. Daher erhöht sich die mögliche Schädlichkeit plötzlich hinzukommender Strahlung wie jetzt durch Tschernobyl durch die Vorgabe natürlicher Belastung. Eine andere Strahlungsquelle ist das in der Atemluft vorkommende Radon. Besonders in Häusern kann seine Konzentration Werte erreichen, die fünfmal so hoch sind wie die der freien Luft. Vor allem die aus Gründen der Energieeinsparung verbesserte Fensterisolation moderner Wohnungen treibt den Wert noch höher. Es ist nicht auszuschließen, daß ein gewisser Anteil der Lungenkrebsfälle auf diesen Effekt zurückgeht. Hier zeigt sich wieder einmal die Umkehrung scheinbar positiver Tendenzen moderner Technologie.

B: Hier sind wir wieder am begrifflichen Übergang von natürlicher zu künstlicher Radioaktivität, denn das in der Neubauwohnung eingeschlossene Radon hat sozusagen seine natürliche Konzentration eingebüßt. Wir können also jetzt überleiten zu dem Thema »künstliche Radioaktivität«. Welche Formen gibt es?

S: Es gibt drei Quellen. Die Medizin, soweit sie Strahlen zur Diagnose und Therapie von Krankheiten einsetzt, dann die Atombombenversuche, dann die Kernkraftwerke.

B: Zunächst noch mal zurück zur Anwendung von Radioaktivität in der Medizin. Allgemein hast du schon auf Segen und Fluch dieses diagnostischen und therapeutischen Mittels hingewiesen. Ich hätte gern noch Einzelheiten gewußt. Wie wird zum Beispiel der mögliche Grad an Verseuchung des Patienten oder des Radiologen kontrolliert und gemessen?

S: Die Dosen, die man dem Patienten zumutet, werden ja nicht auf Grund einer Risikoabschätzung berechnet, sondern danach, wieviel ich brauche, um eine Krankheit zu erkennen und zu heilen. Natürlich muß dabei nach einer Art Kosten-Nutzen-Rechnung die geringst mögliche Strahlenbelastung ermittelt werden, wobei man even-

tuelle Spätfolgen angesichts der verringerten Lebenserwartung z. B. eines Krebspatienten in Kauf nehmen muß.
Nehmen wir als Beispiel jedoch zunächst den diagnostischen Bereich. Auch hier können unterschiedliche Strahlenbelastungen auftreten. Eine Schilddrüsenuntersuchung mit einem radioaktiven Nuklid führt zu weniger Ganzkörperbelastung als etwa eine Untersuchung des Knochenskeletts. Jedoch spielen nicht nur die Eigenschaften der verschiedenen Organe beim Dosismaß eine Rolle, auch Untersuchungsmethoden selbst können sich entsprechend auswirken. Eine Untersuchung der Nierenfunktionen kann nämlich mit sehr wenig Radioaktivität auskommen, wenn man den sogenannten Oberhausen-Meßplatz einsetzt, den Prof. Oberhausen, der Leiter der Strahlenschutzkommission, erfunden hat, sie kann aber auch zehnmal mehr Radioaktivität benötigen, wenn man die sogenannte Kameraclearence anwendet. Im ersten Fall sieht das so aus: Der Patient liegt auf einer Liege. Von außen werden Meßsonden in Nierenhöhe angebracht, die die Ausscheidungsprozesse von eingespritzten radioaktiven Nukliden registrieren. Bei der anderen Methode werden statt der Sonden Gammakameras verwandt, die etwa zehnmal unempfindlicher sind. Man muß also die zehnfache Dosis spritzen. Ich wiederhole noch einmal, man sollte sich immer die Methode aussuchen, die am strahlensparendsten ist.
Ein zweites Beispiel sei noch erwähnt, wegen des allgemeinen Interesses, das in diesem Fall besteht. Die Strahlenbelastung bei Mammographien ist relativ hoch. Das liegt daran, daß man mit recht geringer Röntgenröhren-

spannung arbeiten muß, also mit weicher Strahlung. Denn es geht bei der Mammographie nicht um kontrastreiche Objekte wie Knochen, sondern um die kontrastarme Struktur von Weichteilen. Wir wissen, daß weiche Strahlung wegen höherer Gewebeabsorption und daher notwendiger höherer Dosis zur Filmschwärzung gefährlicher ist als harte.
Durch neue Techniken ist es inzwischen gelungen, die Belastung bei Mammographien zu senken. Da gibt es die Rastermammographie, bei der die Strahlen durch ein Raster ähnlich dem Blendschutz, wie man sie manchmal an Autorückscheiben sieht, gebündelt wird. Dies bringt eine Dosiseinsparung und erhöht zugleich den Kontrast. Dann gibt es die Xeromammographie, bei der die Röntgenstrahlen nicht auf eine Fotoplatte treffen, sondern auf eine elektrisch geladene Platte mit einem Toner, der sich entsprechend den Intensitätsschwankungen verteilt. Dadurch gibt es ähnlich wie bei Xerographien einen Kantenverschärfungseffekt, der ebenfalls eine Kontrasterhöhung bedeutet. Diese Technik kommt vor allem für Risikopatienten mit dichtem Brustdrüsengewebe in Frage.

B: Meine Frage ging dahin, ob für den Arzt eine Kontrollmöglichkeit besteht, wie belastet der Patient bereits zu ihm in die Praxis kommt. Das ist doch sicher wichtig für die von dir erwähnte Kosten-Nutzen-Rechnung, d. h. Abwägung von einsetzbaren Techniken. Mit anderen Worten: Gibt es etwas dem Impfpaß Vergleichbares?

S: Es gibt leider keinen gesetzlichen Strahlenpaß. Es wäre zu fordern, daß es eine gesetzliche Pflicht gibt, dem

Patienten mitzuteilen, welche radioaktiven Dosen er bei einer Behandlung erhalten hat. Es gibt nur eine gesetzliche Aufzeichnungspflicht für den Arzt selber. Wenn man jetzt die Gesamtstrahlenbelastung einer Bevölkerung durch medizinische Untersuchung feststellen wollte — etwas, das unmittelbar mit unserem Thema zu tun hat, denn wir wollen ja abschätzen können, wie hoch die Summe *aller* Strahlendosen ist, um etwas zur gesundheitlichen Risikosituation sagen zu können —, dann ginge das nur, wenn bei einer Person von Geburt an alle radiologischen Untersuchungen und Behandlungen in einem Strahlenpaß festgehalten würden.
Man muß übrigens davon ausgehen, daß die medizinisch bedingte Strahlenbelastung in den nächsten Jahren weiter steigen wird. Sie liegt in der Bundesrepublik am höchsten im Vergleich zu anderen Ländern. Es ist ein Unikum in der Medizin, daß es bei uns anders als in anderen Staaten eine Vielzahl von ärztlichen Fachbereichen gibt, in denen nebenher Röntgenstrahlen eingesetzt werden. Da röntgen Allgemeinärzte, Urologen, Orthopäden, Internisten, Zahnärzte. Das erschwert natürlich die Registrierung bzw. den Überblick über die Gesamtbelastung eines Patienten (Anhang S. 103).

B: Da fällt mir ein, früher gab es doch in jedem Schuhladen so ein Gruselgerät, in dem man sein eigenes Fußskelett bewundern konnte. Warum sind die verschwunden?

S: Die waren gar nicht so ungefährlich und sind inzwischen wie das Radiumkissen verboten. Sie arbeiteten nämlich mit einem Fluoreszensschirm, der erst bei ziemlich hohen Dosen anspricht. Heute dürfen entsprechende Röntgengeräte in der Medizin zum Beispiel ebenfalls nicht mehr verwandt werden. Der klassische Fluoreszensschirm ist jetzt durch hochempfindliche Fernsehverstärkertechniken ersetzt. Außerdem arbeiteten jene Schuhapparate mit recht niedrigen Spannungen, und allgemein gilt, je niedriger die Spannung einer Kathodenstrahl- bzw. Röntgenröhre, desto weicher die Strahlen, desto biologisch wirksamer und damit gefährlicher sind sie.

B: Warum ist es überhaupt nötig, sich über die bereits bestehende Strahlenbelastung eines Patienten zu informieren?

S: Da gibt es zwei Aspekte. Einmal kann bei Krebsbehandlungen eine Art Resistenz, Widerstandskraft der Krebszellen die Folge sein. Man braucht also immer höhere Dosen, um überhaupt noch etwas zu bewirken. Zum anderen sind eventuell benachbarte Organe und Körperpartien sensibel. Sie haben ihr Höchstquantum schon weg, und es wäre dann äußerst gefährlich, ihnen noch einmal eine Bestrahlung zuzumuten. Körperzellen, in diesem Fall Krebszellen, können also strahlenresistent werden, sie können aber auch eine Art Strahlengedächtnis entwickeln. Um hier abzuwägen, muß man natürlich möglichst an alle Unterlagen, die eventuell bei anderen Ärzten liegen, heran, und das kann äußerst mühsam sein.

B: Wir schweifen vielleicht im Moment zu sehr ab, aber

ich hätte noch gerne eine Bemerkung zu der möglichen Gefährdung durch von Fernsehgeräten produzierte Röntgenstrahlen, die bekanntlich nichts anderes sind als etwas weichere, langwelligere Gammastrahlen.

S: Das galt für die ältere Generation von Farbfernsehern, und auch nur dann, wenn man sich täglich acht Stunden in wenigen Zentimetern Abstand vom Schirm aufgehalten hätte, und das ist bei unseren Programmen ohnehin nicht ratsam. Auch die entsprechende Diskussion um Sichtgeräte ist eigentlich durch die moderne Technologie, z. B. durch die Möglichkeit, abschirmendes Glas einzusetzen, überholt.

B: Wie werden eigentlich Radiologen, Strahlentherapeuten, Nuklearmediziner, aber auch in der Kernforschung und in Kernkraftwerken arbeitende Menschen hinsichtlich der Strahlung, der sie ausgesetzt sind, kontrolliert?

S: Es gibt dazu regelmäßige Untersuchungen von dazu ermächtigten Ärzten, die spezielle Kurse gemacht haben. Im wesentlichen wird dabei die Zusammensetzung des Blutbildes kontrolliert. Das Zellsystem des Knochenmarks reagiert besonders sensibel auf Strahlung. Aus dem Knochenmark werden die weißen und roten Blutkörperchen herausgeschwemmt. Da sich Knochenmark fast über das ganze Skelett des Menschen verteilt findet, wird es besonders leicht von einer Ganzkörperbestrahlung geschädigt. Die Zahl der weißen Blutkörperchen in einer bestimmten Blutmenge ist ein gutes Indiz für die Strahlenbelastung, die auf diese Weise natürlich nur im nachhinein festgestellt werden kann.

B: Wie oft werdet ihr untersucht?

S: In der Regel einmal jährlich. Paradoxerweise kommt dabei auch noch eine Röntgenaufnahme der Lunge hinzu.

B: Gibt es noch andere Kontrollmittel?

S: Ja. Wir haben mehrere Dosismeterarten. Einmal hat jeder von uns ein Filmdosimeter um den Hals hängen oder am Gürtel. Sie enthalten einen strahlenempfindlichen Film, der durch verschiedene Dosen unterschiedlich stark geschwärzt wird. Nachteile sind die geringe Empfindlichkeit — unter 40 Millirem/Monat sprechen sie nicht an — und das mögliche Versagen bei Teilkörperbestrahlung, denn man trägt es ja nur an einer bestimmten Stelle.

B: Wann kann es denn zu Teilkörperbestrahlungen kommen?

S: Z. B. bei der Durchleuchtung eines Patienten. Wenn der Arzt dabei eine Bleischürze trägt, kann natürlich der Kopf etwas abbekommen. Das Dosimeter baumelt in der Regel unter der Bleischürze und registriert natürlich nichts.

B: Das gibt's doch nicht!

S: Doch, das ist der Alltag. Es gibt noch andere Dosimetertypen. Z. B. Ringe, die man am Finger trägt mit kleinen Kapseln aus Lithiumfluorid, die durch Strahlung zum Fluoreszieren angeregt werden. Sie sind wichtig in der Nuklearmedizin, wo viel mit radioaktiven Stoffen hantiert wird, also die Belastung der Hand im Mittelpunkt steht. Natürlich trägt man normalerweise Handschuhe, die eine direkte Kontamination der Haut verhindern. Das wiederum hat den Nachteil, daß es manchmal die Arbeit erschwert. Wenn man z. B. bei einem Patienten mit schwachen Venen die Ader durch den Handschuh ertasten muß, um eine Spritze mit einer radioaktiven Substanz anzusetzen. Außerdem gibt es natürlich auch Gammastrahlung, die durch den Handschuh dringt. Früher, als man viel mit Radium arbeitete, vor allem zur Behandlung von Gebärmutterhalskrebs, ist es bei den Ärzten nicht selten vorgekommen, daß durch das Hantieren mit diesen recht intensiv Gammastrahlen aussendenden Präparaten die Linien der Fingerkuppen verschwanden.

B: Wer wertet die Dosimeter aus?

S: Die Filmdosimeter aus Hessen werden monatlich an die GSF geschickt, das ist die Gesellschaft für Strahlen- und Umweltforschung in München. Sie fertigt Listen an, die die Belastung aller Personen registrieren, die im Kontrollbereich arbeiten.

B: Was ist ein Kontrollbereich?

S: Das ist der Bereich, in dem mit Strahlen gearbeitet wird. In ihm gilt eine Jahreshöchstbelastung von 5 rem für die Strahlenexponierten der Gruppe A. Das sind in der Regel Radiologen, Nuklearmediziner, Kerntechniker, Atomphysiker mit einem entsprechenden Arbeitsplatz.

B: Wir kommen jetzt unversehens ins heikle Zentrum unseres Gesprächs. Immer wieder scheint sich die Problematik der Grenzwerte als das entscheidende Thema zu erweisen. Was ist zum Beispiel von dieser 5-rem-Grenze zu halten?

S: Ich glaube, man muß grundsätzlich sagen, daß Schwellenwerte keine Unbedenklichkeitsdosen angeben. Es sind vielmehr immer Zumutbarkeitswerte. Die internationale Strahlenschutzkommission (ICRP) hat den 5-rem-Wert für Strahlenexponierte festgelegt. Daß er kein Unbedenklichkeitswert ist, sieht man schon daran, daß er für die Betroffenen eine Steigerung der somatischen und genetischen Mutationsraten bedeutet. Auf deutsch heißt das, daß die Möglichkeit von Mißbildungen bei Kindern und Enkeln steigt und in Kauf genommen wird. Eine Belastungsgrenze wie die genannte dient eben nicht in erster Linie dem Schutz des Lebens, sondern sie soll Forschungsarbeit zu finanziell günstigen Bedingungen ermöglichen. Bei einer niedrigeren Schwellendosis würde man zahlreiche Produkte z. B. in der Kerntechnologie und im Wiederaufarbeitungsbereich, wo recht hohe Dosen auftreten können, gar nicht durchführen können.

B: Das Wort »Kontrollbereich« reizt mich. Es klingt ziemlich militärisch. Was für ein Bereich ist das konkret, und was für andere Bereiche gibt es noch?

S: Die Strahlenschutzverordnung definiert mit Hilfe unterschiedlicher zumutbarer Belastungsdosen ein ganzes System von Strahlenschutzbereichen, die wie Schachteln ineinanderstecken. Es wirkt fast wie ein Weltbild, wie eine künstliche Schöpfungsordnung unter dem Zepter der Radioaktivität.
Fangen wir innen an. Da gibt es den sogenannten Sperrbereich. In ihm wird mit den Strahlen selbst gearbeitet. Zum Beispiel bei einer Tumorbehandlung. Der behandelnde Arzt hält sich dann nicht am Strahler auf. Der Patient ist allein mit den Geräten. Für den Arzt oder Wissenschaftler oder Techniker gilt hier die Höchstbelastung von 5 rem/Jahr bzw. 300 mrem pro Arbeitsstunde. Der Patient kann natürlich sehr viel höhere Dosen bekommen.
Um den Sperrbereich herum gibt es den sogenannten Kontrollbereich. Dies ist ein den Sperrbereich großzügig umschließender Raum. Hier gilt eine Zumutbarkeitsgrenze von ebenfalls 5 rem/Jahr, wobei von einer wöchentlichen Arbeitszeit von 40 Stunden ausgegangen wird.
Die nächste Zone oder Schale wäre der »betriebliche Überwachungsbereich«. Das sind die angrenzenden Räume des Instituts, des Kerntechnischen Labors oder des Reaktors. Hier gilt für Personal und Besucher eine Höchstgrenze von 500 Millirem/Jahr. Als dritte Schale gibt es den außerbetrieblichen Überwachungsbereich, in

dem eine maximale Jahresdosis von 150 Millirem gilt. Dies ist die unmittelbare Umgebung eines Kernkraftwerkes oder eines Krankenhauses mit radiologischer Abteilung. Um diese Zone herum liegt dann das allgemeine Staatsgebiet mit einer Höchstdosis von 30 Millirem/Jahr. Hier lebt der gewöhnliche Sterbliche, der sogenannte Standardmensch, dem man nicht mehr Strahlenbelastung zumuten möchte, vielleicht, weil auch Kinder dabei sind.
Dies ist also eine Art Atom- oder Schalenmodell der Gesellschaft. Es gilt in allen westlichen Ländern. Das Groteske nun ist, daß wir durch den Unfall von Tschernobyl in diesem Schalenmodell eins aufgerückt sind. Die Gesamtbelastung der Bevölkerung liegt jetzt in diesem Jahr vorsichtig gerechnet bei einem Wert, der ganz Deutschland zum außerbetrieblichen Überwachungsbereich macht. Dadurch wird im Grunde das ganze System der Strahlenschutzverordnung zu Makulatur. Denn eigentlich gelten für den außerbetrieblichen Überwachungsbereich gesetzlich bestimmte Überwachungs- und Zutrittsbeschränkungen. An den Grenzen Europas müßten also entsprechende Leute stehen, die das regeln. Und auch der dauernde Aufenthalt eines Volkes in seinem Land wäre im Grunde unzumutbar.

B: Eine Horrorvision wäre ja auch das allmähliche Weiterrücken in den Strahlenschutzbereichen. Wann ist das ganze Land ein betrieblicher Überwachungsbereich, wann ein Kontrollbereich, wann ein Sperrbereich! Solche Alptraumvorstellungen werden natürlich offiziell als wahnhaft bezeichnet. Trotzdem liegt es nach Tschernobyl auf der Hand, die Sicherheitsphilosophie zu überprüfen. Was hältst du von der vielbeschworenen Sicherheit der deutschen Kernkraftwerke?

S: Nun, es gibt das berühmte Mayersche Gesetz, das besagt, daß gerade der unwahrscheinlichste Fall eintreten wird (wie anders sind große Liebesbeziehungen denkbar), es gibt weiterhin eine unwissenschaftliche Verharmlosung von Risiken mit dem herunterspielenden Begriff »Restrisiko«. Überhaupt ist bei den Expertenberechnungen von möglichen Risiken zu bedenken, daß es da eine psychische Hemmschwelle gibt. Die Experten sind Wissenschaftler und Techniker, die Fehler ihrer eigenen Systeme gar nicht so recht beurteilen können, da sie deren Schöpfer sind. Es gibt einfach eine Schöpfermentalität, die innerlich positiv an die eigenen Produkte fixiert ist. Weil nicht sein darf, was nicht sein kann. Es fällt einem Fachmann sehr schwer, negativ und destruktiv genug zu denken, um rational mit dem Faktor Sicherheitsrisiko umgehen zu können. Für Politiker gelten diese Schwächen und psychischen Barrieren natürlich um so mehr, als sie die Statthalter einer offiziellen Energie- und damit Sicherheitspolitik sind.

B: Kann man einen größeren Unfall in einem Atomkraftwerk, was die radioaktive Verseuchung der Umwelt anbelangt, mit überirdischen Atomversuchen vergleichen?

S: Selbstverständlich. Man muß sogar sagen, daß ein Kernkraftwerk, das überkritisch wird, in dem also nicht mehr regelbare Kernspaltungsprozesse ablaufen, eine größere Gefahr darstellt, da die Menge an Radioaktivität, die dabei frei wird, viel höher als im Falle von Atombomben ist. Man nimmt zum Beispiel an, daß der Reaktor in Tschernobyl etwa das Zweihundertfache — manche sagen sogar Zweitausendfache — der Strahlung der Hiroshimabombe freigesetzt hat.

B: Und die »Schmutzigkeit« der freiwerdenden Radionuklide ist in beiden Fällen ebenfalls vergleichbar?

S: Es handelt sich bei der Bombe und beim Kraftwerk ja physikalisch gesehen um das gleichen Phänomen. Kraftwerke sind nichts anderes als gedrosselte Bomben. Wenn die Drosselung aufhört, etwa durch Ausfall der Steuerungsorgane, durch Brennen des Graphitkerns, in dem sich dann vielleicht die Einfangstäbe, also die Neutronenschlucker, die Bremsen vergleichbar sind, verklemmt haben, oder durch auslaufendes Kühlwasser, das bei den meisten unserer Reaktoren auch die Funktion der Neutronenbremse hat, dann haben wir eine Bombe. Daß sie nicht so spektakulär mit Pilz und Druckwelle auftritt, ist eher eine Frage der technischen Inszenierung. Aber kernphysikalisch gesehen sind die Vorgänge die gleichen.
Was die »Schmutzigkeit« anbelangt, also die gefährliche Langlebigkeit bestimmter Nuklide, die Härte der Strahlung und die Fähigkeit der Stoffe, im menschlichen Organismus angelagert zu werden, was all dies anbelangt, spielt natürlich etwa die Verweildauer der Brennstäbe im Reaktor eine Rolle. Sind sie schon lange drin, dann kann man z. B. mit dem verstärkten Auftreten des äußerst ge-

fährlichen Plutoniums rechnen, das sich als sekundäres Produkt der Energiegewinnung anreichern läßt. Eine Möglichkeit des Brütens, die im Tschernobyler Reaktortyp bestand.
Um also die Menge der Strahlung nach einer solchen Katastrophe einschätzen zu können, sind gewisse Informationen konstruktions- und betriebstechnicher Art vonnöten, und deshalb muß man auch die Geheimniskrämerei im Falle der Tschernobylkatastrophe als menschenverachtend bezeichnen.

B: Ich möchte wieder einmal auf den biologisch-medizinischen Aspekt der ganzen Geschichte kommen, denn wir geraten sonst in Gefahr, über die fachliche und physikalische Neutralität der Fakten den Kontakt zur Angst zu verlieren, die die aktuelle Situation in uns allen ausgelöst hat. Was passiert im menschlichen Körper, wenn er einer unsichtbaren Attacke radioaktiver Strahlen ausgesetzt ist?

S: Man muß ja im Grunde zwei Sorten von Strahlung unterscheiden, die physikalisch gesehen allerdings gleich sind. Das eine ist die Strahlung, die von außen auf uns trifft. Wenn wir, weil wir krebskrank sind, bestrahlt werden, oder weil wir aus anderen Gründen eine Röntgenaufnahme bekommen, dann werden wir von außen getroffen. Die Strahlen dringen durch die Haut ein und passieren im Falle von Röntgen- oder Gammastrahlen den ganzen Körper.
Beim Weg durch den Körper lösen die Strahlen eine gewisse Zahl von Veränderungen in den Zellen, den Ato-

men und Molekülen aus. Sie werden nicht nur unterschiedlich abgeschwächt durch verschiedene Körperpartien — ein Vorgang, der uns ja das Schattenbild der Röntgenaufnahme liefert —, sie bewirken auch Schädigungen, wenn einzelne Zellen sozusagen an empfindlichen Stellen getroffen werden. Die meisten dieser Schädigungen kann der Körper selber reparieren. Wie das im einzelnen geschieht, werde ich noch zu erklären versuchen.

Vor dieser Strahlung, die von außen kommt und eine größere Reichweite hat, kann man sich im Bereich der medizinischen Arbeit dadurch schützen, daß man Abstand hält. »Abstand ist der beste Strahlenschutz«, lautet die entsprechende Faustregel. Für radioaktive Strahlung gilt dasselbe Abstandsgesetz wie für Licht oder Radiowellen: Die Intensität nimmt mit dem Quadrat der Entfernung ab (s. Anhang S. 104).

Anders ist es, wenn wir Radionuklide in uns aufnehmen, dann befinden sich die Strahlungsquellen in der Zelle drin und strahlen dort. Bei der Abschätzung der Gefährlichkeit dieser Situation spielt natürlich die effektive Halbwertszeit eine große Rolle. Aber der Körper ist nicht nur fähig zur Ausscheidung radioaktiver Substanzen. Er trifft auch von vornherein eine Selektion, d. h., er nimmt nicht alles auf. Andererseits können bestimmte Organe fast wie Batterien oder Akkumulatoren wirken, die man aufladen kann. So ist es zum Beispiel bei der Schilddrüse. Sie sammelt das Jod, so daß dessen biologische Halbwertszeit für den Menschen über hundert Tage beträgt, also die physikalische HWZ weit übersteigt.

B: Wie kommt es eigentlich, daß im Rahmen der Strahlenschutzverordnungen und Empfehlungen so unterschiedliche Becquerelwerte für verschiedene Nahrungsmittel angegeben werden. Hängt das mit der eben erwähnten unterschiedlichen Speicherneigung der Organe zusammen?

S: In erster Linie rühren diese Unterschiede aus der Berücksichtigung der Verzehrgewohnheiten des Standardmenschen her. Es gibt Tabellen, in denen aufgelistet ist, wieviel Flüssigkeiten, wieviel Fleisch, wieviel Gemüse im Durchschnitt der Bevölkerung verzehrt wird, auch wieviel Kubikmeter Luft man einatmet. Diese Werte gehen in die jeweils empfohlenen Schwellendosen oder Grenzwerte ein.
Dann natürlich auch die genannte Aufnahmebereitschaft der einzelnen Organe. Hier ist man, wie bereits gesagt, auf Erfahrungswerte angewiesen. Die entsprechenden Faktoren sind immer nur Näherungswerte. Das zeigt im übrigen das ganze Dilemma der Risikodiskussion. Es gibt sehr unterschiedliche Thesen und Theorien der biologischen Verarbeitung radioaktiver Substanzen. In der Strahlenschutzverordnung mußte man sich aber auf scheinbar exakte Werte festlegen. Das geschah und geschieht teilweise durchaus willkürlich. Ein Beispiel. Der Grenzwert für die Strontiuminkorporation, d. h. Einnahme von radioaktivem Strontium über die Nahrung, Atmung oder die Haut, ist zufällig so hoch, wie er nach dem Fallout der sechziger Jahre auch gemessen worden ist. Offenbar wurde hier bewußt oder unbewußt eine Tugend aus der Not gemacht, denn unter diesem Wert

konnte es damals ja sowieso nicht gehen, ohne Atmen und Essen überhaupt zu verbieten. Ich wiederhole noch einmal: Grundsätzlich muß man Grenzwerte nicht als Unbedenklichkeitswerte, sondern als Zumutbarkeitswerte bezeichnen. Terminologien sind hier durchaus mit politischer Einflußnahme gepaart. Restrisiko, Unbedenklichkeitswerte, auch zivilisatorische Strahlenbelastung — ein Begriff, unter den das Reaktorunglück in Tschernobyl fallen würde —, von diesen Wörtern geht eine suggestiv-beruhigende Wirkung aus. Sie verschleiern das Risiko der jeweiligen Strahlenbelastung.

B: Auf welchen Wegen kann strahlende Materie in den Körper gelangen?

S: Es gibt drei Wege oder, wie man auch sagt, Belastungspfade. Man kann etwas einatmen. Das wäre der Inhalationspfad. Von der inhalierten Radioaktivität bleibt ein Teil in der Lunge, hält sich dort unterschiedlich lange, wird dann teilweise wieder durch Flimmerhärchen heraustransportiert, kann aber teilweise auch ins Blut übergehen.
Der zweite wichtige Pfad wäre der über die Nahrungsaufnahme (Ingestitionspfad). Hierbei ist der Dünndarm die entscheidende Barriere. Er wirkt wie ein Filter und läßt nur bestimmte Stoffe in den Körper weiter vordringen. Dabei spielt nicht nur die »Unverdaulichkeit« von Ballaststoffen eine Rolle, die unverändert wieder ausgeschieden werden. Auch sehr kleine Substanzen können abgelehnt werden, weil die speziellen Transportmechanismen fehlen, mit deren Hilfe ein Stoff in die Darm-

schleimhaut eindringen kann. Neben Verdaulichkeit und Transportmechanismen ist auch die »Bedürftigkeit« des Organismus mit entscheidend. Bekanntestes Beispiel ist, wie gesagt, die Schilddrüse, die das Jod zur Bildung der biologisch aktiven Form des Schilddrüsenhormons braucht und die bei chronischem Jodmangel mit Vergrößerung, Kapazitätserweiterung, Kropfbildung reagiert. Fähigkeit, Bedürftigkeit und Angebot sind bezüglich eines Umweltstoffes also die drei Faktoren, die das Aufnahmemaß vom menschlichen Körper aus steuern.

Der dritte Aufnahmeweg wäre die Direktstrahlung, der man ausgesetzt sein kann. Durch Berührung mit kontaminiertem Boden, durch Schwimmen in verseuchtem Wasser und dergleichen. Dabei wird durch die Haut hindurch nur sehr wenig Radioaktivität in stofflicher Form aufgenommen. Aber was sich auf der Haut selbst ablagert, strahlt natürlich auch nach innen. Die mit hoher Ionisationsfähigkeit ausgestattete Alphastrahlung hat dabei nur eine sehr geringe Reichweite von weniger als einem Millimeter, während Betastrahlung ein bis zwei Zentimeter weit strahlt und Gammastrahlung wiederum durch den ganzen Körper gehen kann.

Man kann diese Art der Kontamination durch Abwaschen beseitigen oder verringern. Es ist dabei nicht ganz einfach, z. B. auch die Hautporen tief genug zu reinigen.

B: Unter Belastungspfaden versteht man aber doch auch den Teil des Weges, der vorher und außerhalb des menschlichen Körpers durch die verschiedenen Stationen der Nahrungskette hindurch zurückgelegt wird.

S: Es gibt beim Washout, also beim radioaktiv verseuchten Regen zum Beispiel, den Weg

Regen → Weide ⇆ Boden ⇆ Grundwasser
↳ Kuh → Milch/Fleisch → Mensch.

Bei diesen Weg spielt der Boden eine Schlüsselrolle. Er ist das große Sammelbecken der Radioaktivität. Wir sollten deshalb einen Agrarfachmann zu Rate ziehen.

B: Herr Dr. Brüne, Sie sind Direktor einer Landwirtschaftlichen Versuchsanstalt. Was tut diese Behörde eigentlich?

Br: Wir sind dazu da, im Auftrage des Landes die Schadstoffbelastung der landwirtschaftlichen Nutzflächen zu kontrollieren. Dabei gibt es auch ein Institut, das die möglichen radioaktiven Belastungen durch ein Kernkraftwerk überprüft. Dazu haben wir siebzehn Meßstellen in verschiedener Standortentfernung.

B: Hat das Reaktorunglück in Rußland sehr in Ihren Arbeitsalltag eingegriffen?

Br: Das kann man wohl sagen. Während wir normalerweise sozusagen auf der Lauer liegen, also mit hochempfindlichen Geräten und mit langwierigen Vorbereitungsarbeiten, die dazu dienen, mögliche radioaktive Belastungen in Böden und Pflanzen überhaupt in die Meßbarkeitszone zu rücken (Veraschung großer Mengen von Probenmaterial, um eine Anreicherung zu erzielen), haben wir jetzt die aktuelle Aufgabe, Tag für Tag eine Vielzahl eingesandter Produkte auf ihre Kontaminationswerte zu messen. Veraschen müssen wir nicht mehr. Die Sachen, Salate z. B., werden kleingeschnitten und kommen hundertgrammweise in die Bleiburgen.

B: Was ist eine Bleiburg?

Br: Das sind kleine Hütten aus Bleiklötzen, die die Proben gegen äußere Strahlung abschirmen, damit wir nur messen, was wirklich in den Sachen ist.

B: Wie ist das eigentlich überhaupt mit dem Messen? Man hat im Fernsehen handliche Geigerzähler gesehen, mit denen z. B. Lkw aus den Ostblockländern geprüft wurden. Man hat auch von Hamsterkäufen billiger Geigerzähler gehört. Was halten Sie davon?

Br: Überhaupt nichts. Solche Geräte, ob teuer oder billig, nützen dem Laien nichts. Sie können ihn nur verwirren. Man sollte einen Metzger auch nicht an Blinddarmoperationen lassen.

B: Das ist ziemlich drastisch formuliert. Können Sie ein paar Einzelheiten zur meßtechnischen Problematik sagen?

Br: Wir haben jetzt ein neues Gerät bekommen. Es hat zweihunderttausend Mark gekostet. Unser Meßtechniker muß jährlich eine Prüfung ablegen, um seine Fähigkeiten immer auf dem höchsten Stand zu halten. Beides erwähne ich, um klarzumachen, wie heikel richtiges Messen im Bereich kleiner Dosen radioaktiver Strahlung ist. Die Geigerzähler, die Sie meinen, kosten immerhin auch noch um die zwanzigtausend Mark. Sie messen im übrigen nur Betastrahlung. Man kann mit ihnen keine einzelnen Radionuklide identifizieren, sich nur einen ersten Eindruck der Gesamtverseuchung verschaffen. Die Analyse der Verseuchung nach einzelnen Nukliden, die so wichtig ist, weil wir dann auch Aussagen zu den

Halbwertszeiten machen können, ist nur möglich mit der Gammaspektroskopie. Das ist ein völlig anderes Verfahren als das pauschale Zählen einzelner Zerfallsakte durch das Geigermüllerzählrohr. Bei der Gammaspektroskopie wird das Spektrum der für einzelne Elemente charakteristischen Energiepotentiale der Gammastrahlung in einem Halbleiter, einem Germaniumdetektor z. B., ermittelt. Sie sehen dann Kurven mit Zacken, die jeweils die Erkennungsmarke eines strahlenden Isotops bedeuten.

B: Kann man mit solchen Geräten alle Radionuklide ermitteln?

Br: Leider nicht. Es gibt auch noch die Alphaspektroskopie. Die braucht man, um z. B. einen reinen Alphastrahler wie Plutonium zu identifizieren. Wir können das leider nicht machen, weil wir nicht entsprechend ausgerüstet sind. Schwierig ist es auch mit Betastrahlern wie Strontium. Eine Betaspektroskopie gibt es bislang überhaupt nicht. Mit einem Geigerzähler würde man, wie gesagt, nur die Summe aller Betastrahler messen. Man muß also, um z. B. den möglichen in dieser Summe enthaltenen Strontiumanteil herauszufiltern, mühselige chemische Abtrennungsverfahren einleiten. Deshalb dauert das mit den Strontiumzahlen auch so lange.

B: Ich möchte Sie jetzt einiges zum Problem der Bodenbelastung und zu den Belastungspfaden fragen. Die Werte, die Sie zur Zeit messen, sind zwar sinkend, wie man hört, aber das Problem selbst wird nicht so schnell verschwinden. Auch kleine Werte können sich durch zeitliche Addition zu großen Werten summieren.

Br: Das ist richtig. Begriffe wie Gefahr und Risiko werden meiner Meinung nach derzeit zu schlagwortartig verwendet. Grund zur Beunruhigung haben wir natürlich, vor allem, wenn man nicht in kurzen Fristen denkt, sondern, wie ich es immer empfehle, sehr lange Zeiträume im Auge hat.

B: Was ist ein Transfer bzw. ein Transferfaktor?

Br: Transfer bedeutet die Weitergabe eines Stoffes z. B. aus der Luft in den Boden, von dort in Pflanzen, z. B. in Grünfutter, von dort in das Tier und schließlich in die Milch. Bei diesem Transportvorgang über mehrere Stationen verändert sich natürlich die Konzentration des Stoffes, und diese Veränderung gibt der Transferfaktor in Prozenten an. Beispiel: sagen wir einmal, wir haben eine Konzentration von 100 im Boden und dann von 1 in der Pflanze, so beträgt der Transferfaktor für diesen Ausschnitt des Belastungspfades 1%.

B: Führen die Transportvorgänge eigentlich immer zu einer Verdünnung der Konzentration? Gibt es nicht auch Verdichtungsprozesse wie z. B. im Falle der Schilddrüse, die das Jod sammelt und konzentriert?

Br: Im Boden-Pflanzenbereich gibt es das nicht, wenn man vom Sonderfall der Kompostierung absieht.

B: Aber im Tierbereich. Kann man Schlachttiere physiologisch bzw. was solche Stoffwechselprozesse anbelangt, mit dem Menschen vergleichen?

Br: Das kann man.

B: Also hier gibt es ähnliche Anreicherungsvorgänge wie beim Menschen?

Br: Das stimmt schon. Für einzelne Stoffe wie das Jod gilt hier ebenfalls die Konzentration in der Schilddrüse, während Caesium ein relativ bewegliches Element ist. Daher wird es trotz seiner langen Halbwertszeit schnell im Organismus wieder ausgeschieden, d. h. seine biologische Halbwertszeit beträgt etwa nur 130 Tage. Da der Organismus jedoch ständig neu über die Nahrungskette Caesium nachgeliefert bekommt, ist dies leider nur ein theoretischer Wert. Wenn Sie jetzt das Verhältnis Tier—Mensch betrachten, dann ist das Tier gewissermaßen noch mal ein Filter, das dem Menschen vorgeschaltet ist. Das gilt allerdings nur bezüglich des Muskelfleisches, das ja hauptsächlich verzehrt wird. Bei anderen Verbindungen wie z. B. den chlorierten Kohlenwasserstoffen, dieser langlebigen Isotopengruppe, haben wir die Konzentration im Fett.

B: Also sollte man möglichst mageres Muskelfleisch essen. Kann man etwas über die Zeiten sagen, die es braucht, einen Belastungspfad etwa vom Boden über die Pflanze zum Tier zu durchschreiten?

Br: Das kann man. Aber man muß es sehr elementspezifisch tun. Es sind auf jeden Fall sehr kurze Zeiten. Über die Blätter geht es sehr schnell und direkt, wie wir es an den Jod-Werten nach dem Tschernobyl-Unfall gesehen haben. Die Aufnahme über die Wurzeln beginnt sofort, wenn die radioaktiven Substanzen durch den Regen in die Bodenoberfläche eingewaschen werden.

B: Haben wir eigentlich bei der Verseuchung der Blattoberfläche besonders hohe Konzentrationen zu erwarten?

Br: Das kann unmittelbar nach dem Fallout so sein. Aber eine Verdünnung tritt auf jeden Fall dadurch ein, daß die Pflanze wächst, also Masse bildet.

B: Können Pflanzen eigentlich unterscheiden zwischen radioaktiven und nicht radioaktiven Isotopen?

Br: Nein, denn chemisch sind die Isotope eines Elements identisch.

B: Ist es bei Pflanzen auch so wie bei tierischen Wesen, daß bestimmte Substanzen unterschiedlich stark begehrt sind, also bevorzugt aufgenommen werden?

Br: Sicherlich. Beispielsweise hat das Caesium ähnliche chemische Eigenschaften wie das Kalium. Es wird relativ leichter aufgenommen als z. B. Strontium.

B: Spielt die Düngung in diesem Zusammenhang eine Rolle?

Br: Sie kann eine Rolle spielen. Wenn ich hohe Kaliumwerte im Boden habe, kann die Caesiumaufnahme dadurch etwas zurückgedrängt werden. Gleiches gilt für die Strontiumaufnahme, die durch verstärkte Kalkdüngung reduziert werden kann.

B: Wie hoch ist denn der Transferfaktor bei diesen Elementen, wenn wir den Boden-Pflanzenweg betrachten?

Br: Er liegt etwa bei einem bis fünf Prozent. Das meiste wird also im Boden zurückgehalten und dort gebunden.

B: Der Boden scheint überhaupt zum wichtigsten Faktor bei der zukünftigen Belastungssituation zu werden. Wie tief dringt die Radioaktivität eigentlich ein?

Br: Zunächst bleibt sie an der Oberfläche. Wir haben bei den ersten Proben die radioaktiven Substanzen in den obersten Millimetern gemessen. Jetzt verhalten sich auch die Böden wieder unterschiedlich auf Grund ihrer Bodeneigenschaft.

B: Sandboden, Lehmboden.

Br: Genau. Sandboden hat wenig Bindungskraft. Hier dringt die Radioaktivität tiefer ein, ehe sie gebunden wird. Ich würde schätzen, zwanzig bis dreißig Zentimeter. Natürlich ist dadurch auch die Verdünnung größer. In einem schwereren Boden, also in Löß oder Ton, haben wir kaum eine Verlagerung. Der Fallout dringt nicht tiefer als fünf Zentimeter ein. Nun muß man aber wieder differenzieren zwischen Acker- und Grünland etwa. Beim Acker gibt es durch die Bodenbearbeitung (z. B. Pflügen) eine Durchmischung, die bis etwa dreißig Zentimeter Tiefe reicht. Hier wird sich in wenigen Jahren eine gleichmäßige Verteilung der radioaktiven Belastung ergeben. Beim Grünland wird die intensive Durchwurzelung und das Fehlen der Bearbeitung dafür sorgen, daß die Radioaktivität an der Oberfläche bleibt.

B: Welche Rolle spielen die Kleinlebewesen im Durchmischungsvorgang?

Br: Da muß man unterscheiden zwischen den Bodentieren wie Regenwürmern etwa und den eigentlichen Kleinlebewesen, die für die biologischen Umsetzungsvorgänge im Boden verantwortlich sind, den Bakterien und Pilzen also. Bei nichtbearbeiteten Böden gibt es eine gewisse Durchmischung allein durch die Arbeit der Bodentiere.

B: Schließen Sie eine Verseuchung des Grundwassers vollkommen aus?

Br: Das wird man trotz der enormen Filterleistung der Böden nicht tun können. Vor allem bei leichten Sandböden und bei bodennahem Grundwasser muß man eine Kontamination auch des Trinkwassers befürchten. Aber das wir sehr lange dauern, bis es dazu kommt. Bei den Lößböden, die bei uns vorherrschen, möchte ich davon ausgehen, daß überhaupt keine nennenswerte Tiefenverlagerung auftritt.

B: Was halten Sie aus Ihrer Sicht für erforderlich in der nächsten Zeit?

Br: Nötig sind sachkundige Analysen der Radioaktivität von Böden, Pflanzen und Nahrungsmitteln. Die müssen nicht supergenau sein. Aber sie müssen praktische Hinweise enthalten, wo noch Gefährdungspotentiale sind. Ein Beispiel: Wenn die Erdbeeren reif sind, dann wird man sie genauso messen müssen wie bisher die Salate, die Milch und den Spinat.

B: Wie sieht denn der mögliche Belastungsweg bei Früchten aus? Gibt es da Unterschiede etwa zum Blattgemüse?

Br: Wir wissen aus der Untersuchung der Wanderung von Schwermetallen, daß Früchte sehr viel weniger aufnehmen als Blattgemüse. Wir unterscheiden da generative und vegetative Pflanzenorgane. Die Früchte als generative Pflanzenorgane sind relativ geschützt gegen die Anlagerung von Radionukliden, nicht nur durch ihre glatte Oberfläche, die die Aufnahme durch die Luft erschwert.

B: Bilden Stamm und Zweige eigentlich ebenfalls eine Art Filter auf dem Weg des Wassers zur Frucht?

Br: Genau das ist der Fall, wie wir hauptsächlich wieder aus Untersuchungen der Wanderung von Schwermetallen wissen, die vornehmlich im Wurzelbereich verbleiben. Das gilt auch für Getreide, wo viel im Halm hängenbleibt. In die generativen Pflanzenorgane, also in die Fruchtkörper, gelangt immer sehr viel weniger. Dieses Wissen enthebt uns natürlich nicht der Pflicht, auch weiterhin Stichproben zu machen und die Belastung der Früchte und des Getreides z. B., das ja auch für Stallfutter eine Schlüsselposition hat, zu vermessen.

B: Wie würden Sie die Situation insgesamt bewerten?

Br: Wir müssen davon ausgehen, daß die Bodenbelastung in den nächsten Jahren insgesamt deutlich höher sein wird, als es durch den Fallout in den sechziger Jahren nach den Atombombenversuchen der Fall war. Wir müssen mit dieser Erhöhung leben. Es gibt kein Mittel dagegen. Meine persönliche Prognose ist es, daß die Erhöhung fünf bis acht Prozent betragen wird. Inwieweit dadurch gesundheitliche Schädigungen zu erwarten sind, ist aus meiner Sicht Spekulation. Auf jeden Fall gilt immer die Regel: So wenig wie möglich an Schadstoffen. Wir dürfen ja nicht vergessen, daß auch die Belastung der Böden durch Schwermetalle in dichtbesiedelten Regionen neben der radioaktiven Belastung bestehen bleibt. In dieser Hinsicht haben wir eine Verantwortung, die sich nur langfristig, im Rahmen von Jahrhunderten, richtig einschätzen läßt. Meine größte Angst in dieser Beziehung ist, daß sich ein Unfall wie der von Tschernobyl — vielleicht in einem anderen Land mit einer weniger ausgeprägten Sicherheitsmentalität — wiederholt.

B: Wir haben hier eine Meinung gehört, der man sicher nicht ein überkritisches Verhältnis zum Thema Strahlenrisiko unterstellen kann. Möchtest du noch etwas dazu sagen?

S: Ja, ich möchte zum Thema Transferfaktor noch etwas äußern, auch auf die Gefahr hin, vom Vorwurf der überkritischen Einstellung getroffen zu werden. Einmal ist es für mich als nur indirekt betroffenen Fachmann, als Arzt eben, ein Rätsel, daß die Fachleute, *Biochemiker* z. B., bis heute offenbar nicht in der Lage sind, exakte Transferfaktoren für alle in Frage kommenden Transportsysteme anzugeben. Offenbar wurde nur im Bereich der Schwermetalle hier bisher einige Forschungsarbeit geleistet, nicht jedoch im Bereich der Radionuklide. Meines Wissens verhalten sich jedoch Schwermetalle vollkommen anders als z. B. Caesium oder Jod.
Die zweite Kritik gilt einer Tendenz, mit Hilfe der Transferfaktoren Grenzwerte zu manipulieren.

B: Ich bin gespannt, ob sich dieser nicht gerade leichte Vorwurf belegen läßt.

S: Die Höhe des Transferfaktors wirkt sich natürlich unmittelbar auf die festzusetzenden Grenzwerte aus. Je niedriger er ist, desto weniger Radioaktivität gelangt scheinbar durch die Nahrungskette zum Menschen. Er wirkt gleichsam wie ein Wasserhahn, den man auf- und zudrehen kann. Ein Beispiel: Der Transferfaktor für Caesium im Transportsystem Boden—Pflanze wurde zwischen 1977 und 1979 in zwei Schritten insgesamt um den Faktor 25 erhöht. Jetzt befindet er sich im Rahmen der internationalen Vergleichswerte etwa im Mittelfeld,

obwohl die Regierung behauptet, er sei bereits besonders scharf, d. h. der Sicherheit und dem Strahlenschutzgedanken verpflichtet. Andere Transferfaktoren für andere Nuklide weichen um den Faktor zehn nach unten ab, wenn man sie mit Untersuchungsergebnissen aus anderen Ländern vergleicht.
Dies sagt zweierlei aus: Es besteht in der Forschung offenbar noch ein großes Defizit, was die exakte Ermittlung von Transferfaktoren anbelangt, und diese Situation eröffnet der politischen Einflußnahme auf an sich wissenschaftlich-objektive Werte Tür und Tor.
Hierzu gehört übrigens auch die Problematik der Resorptionsfaktoren. Sie sind das Gegenstück zum Transferfaktor auf der Seite des Menschen. Er sagt, wieviel der menschliche Körper von einem Stoff aufnimmt. Beispiel: Zink. Zink ist ein wichtiges Spurenelement. Auch hier kann der Körper wie bei allen Isotopen radioaktive Atome von stabilen nicht unterscheiden. Nach den Ergebnissen der internationalen Forschung nimmt der Darm von dem in der Nahrung angebotenen Zink 50 bis 100% auf. Die Strahlenschutzkommission setzt jedoch einen Wert von nur 10% an und kommt deshalb zu entsprechend höheren Grenzwerten.
Noch wesentlich krasser liegt der Fall bei Plutonium, das bekanntlich eines der höchstgiftigen Radionuklide ist. Die Unsicherheit bei den Grenzwerten bzw. Resorptionsfaktoren hat dadurch hier natürlich viel erheblichere Konsequenzen als im Falle von Zink.
Die offizielle Empfehlung der Strahlenschutzkommission geht davon aus, daß im Darm nur ein Millionstel bis Dreihunderttausendstel vom in der Nahrung vorkom-

menden Plutonium aufgenommen wird. Vergleicht man jedoch die entsprechenden internationalen Veröffentlichungen, so wie es das Heidelberger IFEU-Institut getan hat, dann muß man feststellen, daß ein so niedrig angesetzter Wert nur für schwer lösliche Plutoniumverbindungen wie etwa das Plutoniumdioxyd gilt. Wenn dieses Element jedoch in einer leichter löslichen Verbindung vorliegt, entweder als Nitrat oder Citrat oder als sechswertiges Plutonium, dann steigt die Aufnahme um drei bis vier Zehnerpotenzen an.

Die besondere Gefahr liegt darin, daß biologische Mechanismen in der Natur existieren, die das Plutoniumdioxyd, das in dieser Verbindungsform von Kernkraftwerken wie Tschernobyl in die Atmosphäre gelangt, komplexieren, d. h. Atom- und Molekülgruppen bilden, die wasserlöslich sind und damit pflanzenverfügbar werden. Wegen der langen HWZ des Plutoniums ist dieser biochemische Umwandlungsprozeß natürlich viel gravierender als etwa die zunächst gemessenen Anteile von Plutoniumdioxyd. So hat man herausgefunden, daß zum Beispiel vierwertiges Plutonium, wie es im Plutoniumdioxyd vorliegt — die Wertigkeit muß man sich als Anzahl der Noppen vorstellen, die der Legostein hat, also als typische Konstruktionselemente eines Atoms, mit dem es Verbindungen eingeht —, durch Chlorierung von Wasser in Wasserwerken zwecks Desinfektion in sechswertiges Plutonium übergeht. In dieser Form wird das Plutonium etwa tausendmal stärker vom Magen-Darmtrakt resorbiert. Dies wird noch verstärkt durch die Erhitzung des Trinkwassers beim Kochen, der Tee- oder Kaffeezubereitung. All dies ist von den offiziellen

Stellen bei der Aufstellung des Plutoniumgrenzwertes unterschlagen worden.

B: Wie kann man sich so eine Fahrlässigkeit erklären?

S: Ich würde sagen, das ist keine Fahrlässigkeit, sondern — und dies ist natürlich eine politische Meinung zu einer politischen Sache — hier gibt es bestimmte Interessengruppen, die für eine Plutoniumwirtschaft sind und deren Einfluß innerhalb der Strahlenschutzkommission überwiegt.

B: Haben wir jetzt alle Manipulationsmöglichkeiten von Grenzwerten erfaßt?

S: Leider nicht. Seit einiger Zeit gibt es da ein ganz überraschend wirksames Instrument. Es geht um die Effektivdosen. Wir sind dem Begriff »effektiv« bereits im Zusammenhang mit der Halbwertszeit begegnet. Er meint die tatsächliche, den Menschen betreffende Halbwertszeit. Er soll also eine Brücke schlagen vom physikalisch-meßtechnischen Bereich zum biologisch-persönlichen Betroffensein.
Das gleiche versucht im Dosisbereich der bereits von mir erwähnte Dosisfaktor g, der bestimmte biologische Empfindlichkeiten eines Individuums in die Rechnung einbringen soll. Wenn man dies vor allem auf die unterschiedliche Empfindlichkeit von Organen bezieht, die man als Erfahrungswert aus physiologischen und biochemischen Untersuchungen gewinnt, dann erhält man

Effektivdosen für jedes Organ, die bei gleicher physikalischer Dosis unterschiedlich hoch sind.
Man kann also für Teilbestrahlung unterschiedliche Dosisgrenzwerte aufstellen, die alle über dem normalen Grenzwert liegen, da ein Dosisfaktor kleiner als eins in die Rechnung mit eingeht. Dies führt natürlich zu einem Anheben der bisherigen Grenzwerte. In der Strahlenschutzverordnung wurde dieser Schritt noch nicht gemacht. Es wurden aber von der ICRP 1978 entsprechende Werte bekanntgegeben. Dies führt zur Aufweichung der bisherigen Gesetzgebung. Ein Beispiel: Bisher galten für die menschlichen Keimdrüsen 5 rem als obere Belastungsgrenze. Jetzt geht man neuerdings von einem Bewertungs- oder Wichtungsfaktor von 0.25 für Keimdrüsen aus. Das läßt die Belastungsgrenze auf das Vierfache, auf 20 rem, hochschnellen (s. Anhang S. 106).

B: Aber es gibt doch tatsächlich unterschiedliche Sensibilitäten für Radioaktivität bei den Organen. Spiegeln die Wichtungsfaktoren diesen Sachverhalt nicht einfach?

S: So sollte man eigentlich annehmen. Aber wenn man sich die Wichtungsfaktoren der ICRP genauer ansieht, dann macht man die verblüffende Feststellung, daß gerade besonders empfindliche Organe wie Schilddrüse und Knochen bzw. Knochenmark die niedrigsten Faktoren zugeteilt bekommen haben. Die Dosis, die ihnen nach dieser Rechenmanipulation zugemutet wird, steigt um den fünf- bis elffachen Wert. Wenn man nun weiß, daß im Rahmen der Wiederaufarbeitungstechnologie

Stoffe anfallen, die besonders diese Organe betreffen, dann wird man förmlich mit der Nase auf die politische Zielsetzung solcher Maßnahmen gestoßen.

B: Wenn man von dem Schema Strahlung → Mensch → Krankheit ausgeht, dann haben wir jetzt die Ursache, die Dosisseite, betrachtet. Hier herrschen offenbar Unsicherheit und Uneinigkeit. Sind die Verhältnisse wenigstens besser, wenn man die Seite der Wirkung betrachtet? Also die Relation zwischen Dosis und Krankheit?

S: Leider ist dies nicht der Fall. Man kann auf dieser Seite der Problematik sogar besonders deutlich eine Polarisierung der Positionen in zwei theoretische und politische Lager zeigen (s. Anhang S. 105). Dies hat sich an der sogenannten BEIR-III-Kontroverse entzündet. BEIR ist die Abkürzung für »Biological Effects of Ionising Radiation«. Es geht also um die Dosis-Wirkungsbeziehung. Genauer gesagt, um das Ausmaß, wie häufig Krebs im Niedrigdosisbereich beim Menschen ausgelöst wird. Dies herauszufinden, wurde im Auftrag der ICRP eine Kommission gebildet. Sie wurde von E. P. Radford geleitet und kam nach Auswertung vorliegender Daten über Spätfolgen bei Opfern der beiden amerikanischen Atombombenabwürfe in Hiroshima und Nagasaki, aber auch unter Hinzuziehung von Untersuchungen zu Folgeschäden von Strahlenbehandlung zu der Überzeugung, daß zwischen Strahlenbelastung im Niedrigdosisbereich und der Häufigkeit von Krebserkrankungen eine lineare Beziehung besteht.

Das hört sich harmlos an, ist jedoch eine Erkenntnis von außerordentlicher Sprengkraft. Linear heißt nämlich von Null an gleichmäßig steigend. Verdoppelung der Dosis bedeutet Verdoppelung der Krebsrate. Es gibt bei einem linearen Beziehungsmodell zwischen Ursache und Wirkung keinen Schwellenwert, unter dem eine Gefahr vernachlässigbar klein wird. Beispiel: Die Chance, im Lotto zu gewinnen, ist linear abhängig von der Zahl der ausgefüllten Scheine. Ich kann aber schon mit einem einzigen Feld und beim erstenmal einen Haupttreffer landen!

Die Daten über Atombombenopfer erwiesen sich als sehr unzureichend, da z. B. der leichter heilbare Schilddrüsenkrebs nicht bei der Registrierung der Todesursachen auftaucht, da die Autopsiebefunde ungenau sind, da Spätfolgen allgemein von anderen Krankheitsmöglichkeiten überlagert sind.

Die Konsequenz aus dem Radford-Bericht wäre eine notwendige Absenkung der zumutbaren Belastungswerte im Niedrigdosisbereich gewesen. Dies wiederum hätte die Möglichkeit von Atombombenversuchen ebenso eingeschränkt wie die Expansion der Nuklearwirtschaft. Es geschah folgendes: Radford wurde in seiner Funktion abgesetzt. Ein Minderheitenvotum aus der Kommission (gegen das lineare Modell) wurde abgegeben, die Kommission wurde umgebildet, verkleinert und im wesentlichen mit Mitgliedern jenes Minderheitenvotums bestückt. Die neue Kommission beschränkte sich auf die Atombombenopfer als Datenbasis und kam zu einem linear-quadratischen Modell, das im Niedrigdosenbereich 25mal niedrigere Krebshäufigkeit annimmt.

B: Was heißt linear-quadratisch?

S: Ab 100 rem Ganzkörperdosis, also ab einer Strahlung, die bereits akute Strahlensymptome auslösen kann, gilt weiterhin das lineare Modell, also die proportionale Zunahme von Schäden im Verhältnis zur Dosis (vgl. Anhang S. 105). Unterhalb von 100 rem läuft die Kurve flach in einem Bogen aus, was einer quadratischen Funktion entspricht. Dies bedeutet, daß hier bei kontinuierlicher Abnahme der Dosis die Folgeschäden immer schneller abnehmen. Mathematisch kann man dies durch einen Reduktionsfaktor erreichen, der den oben genannten Wichtungsfaktoren gleicht, biologisch versucht man dieses Modell durch steigende Fähigkeiten der Zellen zur Selbstreparatur bei abnehmender Dosis zu begründen.

B: Wie ist die Forschungsmeinung heute?

S: Seit der BEIR-III-Kontroverse haben wir zwei Lager, die sich mindestens so wie Protestanten und Katholiken zu Zeiten der Gegenreformation unversöhnlich gegenüberstehen. Die Anhänger der linear-quadratischen Position, die man auch unterlinear nennt, bestimmen die offizielle Politik der Strahlenschutzkommission, die anderen werden zumeist als technologiefeindlich und subversiv abgetan.
Übrigens gibt es auch Anhänger eines überlinearen Modells, die gerade im Niedrigdosenbereich ein überproportionales Ansteigen bestimmter Schäden annehmen. Teuflisch wird die ganze Sache dadurch, daß es sich

nicht um eine rein akademische Kontroverse handelt, sondern daß sie zu unmittelbaren praktischen Konsequenzen führt, die im Endeffekt über Tod und Leben einzelner, über Mißbildungen, über Erbschäden entscheiden, die vielleicht erst in drei Generationen sichtbar werden. Sicher ist mit heutigen naturwissenschaftlichen Mitteln und Kenntnissen noch keine absolut stichhaltige Beweisführung für eines der drei Modelle zu leisten. Warum aber entscheidet man sich dann nicht, wie in der Rechtsprechung, im Zweifel für den Angeklagten?

B: Gibt es wirklich überhaupt keine Möglichkeiten, das linear-quadratische Modell zu widerlegen?

S: Es gibt zahlreiche Einzeluntersuchungen, die die Zweifel an ihm nähren. Es gibt auch den Nachweis echter Manipulationen. Zum Beispiel hat die umgebildete BEIR-Kommission anhand der Atombombenopferstatistiken eine Kurve erarbeitet, die für den Hochdosisbereich eine höhere, für den Niedrigdosisbereich eine niedrigere Krebsrate ansetzt. Begründet hat sie dies mit der stärkeren biologischen Wirksamkeit der Neutronen, die bei der Explosion freigesetzt wurden. Wir wissen, daß Neutronen den Wichtungsfaktor 5 bis 10 haben. Die durch Sekundärstrahlen bedingten Schäden im Niedrigdosisbereich waren dadurch sozusagen mathematisch benachteiligt. Die Kommission mußte schließlich diesen Faktor auf 100 hochsetzten, um zu einer annähernd logischen Interpretation zu kommen. Daß dies alles mathematische Manipulationen waren, wurde in den achtziger

Jahren klar, als man herausfand, daß von der Hiroshima-Bombe erheblich weniger Neutronen freigesetzt wurden, als man ursprünglich angenommen hatte.

B: Ein Grund für die starke Politisierung der Problematik des Niederdosisbereichs scheint offenbar die Schwierigkeit zu sein, Schäden und Dosis-Wirkung-Beziehungen exakt zu bestimmen. Was gibt es da für Unsicherheitsfaktoren?

S: Zum einen sind die Prozesse in Körperzellen, die zum Krebs führen, nur sehr lückenhaft bekannt. Dann hat man bisher keine Möglichkeit, genau zu messen, wie erfolgreich die Reparaturmechanismen in den Zellen arbeiten. Drittens sind Strahlenschäden im Niedrigdosenbereich häufig von chemischen Ursachen begleitet, überdeckt und wohl in einem ungewissem Maß auch verstärkt. Viertens macht die subjektiv schwankende Strahlenempfindlichkeit nach Alter und betroffenen Organen Schwierigkeiten bei der statistischen Erfassung. Fünftens ist es oft nur sehr schwer möglich, die tatsächlich auftretenden Dosen bei Opfern zu rekonstruieren. Tierversuche allein schließen diese Lücke nicht.

B: Trotz mancher ungeklärter Verhältnisse im Wechselwirkungsbereich Strahlung — Zelle solltest du versuchen, etwas vom heutigen Wissensstand zu vermitteln. Ich frage also zunächst, wie ist eine organische Zelle aufgebaut?

S: Alles Leben besteht aus Zellen. Sie sind sozusagen die biologischen Atome. Der Vergleich bietet sich auch durch gewisse strukturelle Parallelen an. So hat die Zelle wie das Atom eine Hülle, die bestimmte chemisch-biologische Eigenschaften hat. Sie ist halbdurchlässig und wirkt wie ein Filter, das nur bestimmte Stoffe die Membran passieren läßt. Filter ist fast zuwenig gesagt, denn die Biomembran ist auch ein aktives Transportsystem wie eine Pumpe. Die einzelnen Strukturen innerhalb der Zelle sind ebenfalls von unterschiedlichen Biomembranen umgeben, wodurch sozusagen eine Art Stoffwechsel oder Verkehr verschiedenster Substanzen gewährleistet ist. Dies gilt auch für den Zellkern, der ebenfalls von einer filternden und pumpenden Hülle umgeben ist.

Zellkern mit den Chromosomen, dann der Golgiapparat, die Mitochondrien, dann die Ribosomen und das Zellplasma sind neben der Biomembran die wichtigsten Apparaturen, die zum Funktionieren organischen Lebens nötig sind. Ehe wir diese Apparate erläutern, soll kurz angedeutet werden, was Leben überhaupt ist. Wir befinden uns hierbei natürlich auf einem gewaltig spiegelnden Glatteis.

Ganz vorsichtig und distanziert kann man sagen, daß Leben ein unwahrscheinlicherer Zustand ist als Totsein. Es ist immer ein labiles Gleichgewicht, wie ein behutsam balancierter Besenstil, der abkippt, wenn die Konzentration des Jongleurs nachläßt. Labiles Gleichgewicht bedeutet auch metastabiles System. Während tote Materie — abgesehen natürlich von Radioaktivität — stabile Systeme bildet, ist es bei organischer Materie anders. Beschreiben kann man das in folgendem Bild. Leben hängt mit zweierlei Faktoren zusammen: mit Energie und mit Information.

Was die Energie anbelangt, so spüren wie sie, wenn wir jemandem die Hand geben. Nicht nur den Druck, auch die Wärme. Stellen wir uns einen Ball vor, der auf einer oberen Treppenstufe liegt. Er stellt potientielle Energie dar, er könnte Energie der Bewegung darstellen, wenn er die Treppe herunterhüpft. Genau dies passiert im Körper bei Stoffwechselprozessen. Organische Verbindungen reagieren zum Beispiel mit Sauerstoff, das erzeugt Wärme oder auch Wachstum. Der Ball rollt ein paar Stufen herunter. Es gibt aber auch den umgekehrten Vorgang: der Ball wird durch Energiezufuhr, etwa durch Nahrungsverwertung oder Sonnenlicht (Photosynthese) die Treppe hochgerollt.

Nun ist Leben für eine begrenzte Zeit überhaupt nur dadurch möglich, d. h. metastabil, weil die Natur sich mit der Treppe einen besonderen Trick ausgedacht hat. Eigentlich müßte der Ball nämlich sofort wieder herunterrollen. Eigentlich würden organische Substanzen immer gleich verbrennen, weil ja überall Sauerstoff vorhanden ist. Das passiert jedoch nicht, weil sozusagen kleine Schwellen an den Kanten der Treppenstufen eingebaut sind, über die der Ball nicht so einfach hinwegrollen kann. Er braucht dazu einen Schubs, wissenschaftlich Aktivierungsenergie genannt. Diesen Schubs erhält er von speziellen Verbindungen, die Enzyme heißen. Die können sich sogar verschiedene Treppen aussuchen, d. h., sie arbeiten stoffwechselspezifisch. Der Organismus hat dadurch die Möglichkeit der Steuerung von Stoffwechselprozessen.

B: Was hat das alles mit unserem Thema Radioaktivität zu tun?

S: Sehr viel. Energie und Information sind die wesentlichen Faktoren, und beide können von radioaktiven Strahlen, die ja nichts anderes als von außen eindringende Energie sind, gestört werden.

B: Und welche Rolle spielt die Information für das Leben?

S: Zellen haben grundsätzlich zwei Aufgaben, sie erfüllen spezielle Aufgaben für den Gesamtorganismus, sie exportieren sozusagen wichtige Substanzen, wie Enzyme, Blutzellen, Hormone und dergleichen, sie dienen aber auch zur Vererbung, zum Wachstum und zum Ersatz verbrauchter Körperzellen. Für beide Funktionen brauchen sie neben Energie auch Information. Denn die Zelle muß ja wissen, was sie produzieren soll, und sie muß ihren eigenen Bauplan kennen, wenn sie sich vermehren soll. Diese beiden Informationen sind im Kern gespeichert. Es gibt dort Großmoleküle, die nichts anderes sind als eine Datenbank oder ein Datenspeicher in einem Computer. Man könnte sie auch mit einer Bibliothek vergleichen, die alle wichtigen Informationen für Stoffwechsel und Produktion neuer Zellen enthält.
Diese Großmoleküle sehen aus wie ein spiralig verdrillter Reißverschluß. Sie bestehen aus zwei Strängen, die über chemische Zacken sozusagen ineinandergreifen. Was sie vom gewöhnlichen Reißverschluß unterscheidet, ist die Tatsache, daß der Zackentyp nicht immer gleich ist, sondern wechselt. Ineinander passen natürlich immer nur die Zacken gleicher Bauart. Dadurch geht der Reißverschluß nur zu, wenn der eine Strang das Spiegel-

bild des anderen ist. Diesen Wechsel der Zackenart benutzt das Leben als Schrift, als Informationsspeicher. Es gibt vier Zackenarten. Es handelt ich also um eine Vier-Buchstaben-Schrift. Den ganzen Reißverschluß nennt man DNS, bzw. in englischer Sprache DNA, die kleinsten sinnvollen Einheiten, die Wörter sozusagen, die aus den vier Buchstaben gebildet werden können, nennt man Gene. Sie stellen die Erbinformation genauso bereit wie die Handlungsinformationen für die Zelle. Kompliziert wird das Ganze dadurch, daß die Genschrift erst gelesen, dann übersetzt werden muß, da die Empfänger der Informationen eine andere Sprache sprechen, daß weiter die übersetzte Information an die richtigen Stellen in der Zelle transportiert werden muß, z. B. zu den Ribosomen, die nichts anderes sind als kleine Betriebe oder Fabriken, in denen das Baumaterial des Lebens, Proteine bzw. Eiweißmoleküle, nach Anweisung der Informationszentrale hergestellt wird.

B: Moment, der Leser dieses Buches will bestimmt keine Biologieprüfung machen. Verlierst du dich nicht zu sehr in Details?

S: Im Gegenteil, ich vergröbere noch zu sehr. Und ich bin der Meinung, daß man die hochkomplizierten und labilen Zusammenhänge in Körperzellen wenigstens ein wenig kennen muß, um zu begreifen, wie fahrlässig und brutal hier mit Zivilisationsgiften wie Schwermetallen und Strahlung eingegriffen wird. Krebs ist ja nichts anderes als ein Aus-den-Fugen-Geraten des metastabilen Zustandes von Zellen. Doch davon später. Ich möchte zunächst weiter von der Zelle erzählen. Und dann vom Einfluß radioaktiver Strahlen.

B: Es ist offenbar, wie wenn man eine Geige auf den Amboß legt.

S: Und die Größe des Hammers bestimmt die Strahlenschutzkommission.
Die Zelle ist also eine kleine, perfekte, hochempfindliche Fabrik. Baupläne für sie selbst und für ihre Aufgaben sind im Kern in den Reißverschlußmolekülen der DNA gespeichert. Ähnlich gebaute, jedoch einsträngige Moleküle, sozusagen Reißverschlußhälften (RNA), lesen die von den Zacken des Reißverschlusses — chemisch sind dies komplementäre Basen, die über Wasserstoffbrücken ineinander verhakt sind — in einem Vierercode formulierten Informationen und transportieren sie zu den Ribosomen. Der Vierercode wird in eine dort verständliche Sprache übersetzt, und nach ihrer Anleitung werden Proteine hergestellt, die dann von der Zelle z. B. als organisch benötigtes Material exportiert werden können.

Das ganze Unternehmen braucht natürlich auch Energie. Sie wird meist in den Mitochondrien durch Zuckerverbrennung gewonnen, wie in kleinen konventionellen Kraftwerken. Plasma, Biomembran und das Dränage-System des Golgiapparates dienen als Bausteinlieferanten und Transportsysteme. Im Plasma finden sich z. B. die Aminosäuren, die zur Proteinsynthese in den Ribosomen gebraucht werden. Außerdem dient das Plasma mit seinem hohen Wasseranteil als Kühlsy-

stem, wie bei einem Motor oder Reaktor. Der Golgiapparat kanalisiert Sekrete und scheidet sie bei Überproduktion aus.
Die Enzyme haben wir schon erwähnt. Sie sind nicht nur wichtig für die Energieseite, indem sie gezielt die Hemmschwelle der Stoffwechselprozesse herabsetzen können, sondern auch für die Informationsseite. Enzyme übernehmen nämlich dort höchst wichtige Reparaturaufgaben. Es kann durch äußere oder innere Umstände nämlich zu Komplikationen am Reißverschluß, bei der DNA, kommen. Zacken können herausbrechen, verlorengehen. Die Information wäre dann unvollständig, die RNA würde Falsches lesen, die Ribosomen gar nichts oder Falsches produzieren. Enzyme gleichen kleinen mobilen Reparatureinheiten, wie die Straßenwacht etwa. Sie kommen dann, schneiden die defekte Stelle heraus und ersetzen sie, wobei die gegenüberliegende Seite des Doppelstranges als Bauanleitung für das Ersatzteil dient, insoweit sie nicht geschädigt ist. Schwieriger sind solche Reparaturen natürlich bei sogenannten Doppelstrangbrüchen, weil dann der Bauplan fehlt, aber es gibt auch hier Reparaturversuche, wobei allerdings die Fehlerhäufigkeit größer ist (s. Anhang S. 107).

B: Was passiert eigentlich bei einer Zellteilung?

S: Natürlich müssen alle Bausteine der Zelle verdoppelt werden. Aus einer Leberzelle etwa soll ja wieder eine Leberzelle werden. Am wichtigsten ist hierbei die fehlerfreie Kopierung der Erbinformation, die ja auch den Zellbauplan mit enthält. Dies geschieht dadurch, daß der Doppelstrang der DNA auseinanderklafft, genauso wie man einen Reißverschluß öffnet. Es werden dann entlang der beiden Einzelstränge die passenden komplementären Stränge neu gebildet. So entstehen zwei identische Reißverschlüsse mit dem gleichen die Erbinformation enthaltenden Zackenmuster. Anschließend kann sich die Zelle teilen und die Tochterzelle ihr Fabrikationssystem nach dem gleichen Muster aufbauen.

B: Und was geschieht, wenn radioaktive Strahlung in dieses hochkomplizierte Dasein einer Zelle eindringt?

S: Chaos. Es ist, wie wenn ein Tobsüchtiger in einer Bibliothek wütet.
Zweierlei ist möglich. Entweder wird etwas auf dem Energiesektor gestört oder auf dem der Information. Betrachten wir zunächst die zweite Möglichkeit. Die DNS ist im Kern relativ geschützt. Sie liegt sozusagen im Tresor, dessen Wände aus Großmolekülen besteht. Zu Zeiten der Teilung aber löst sich die Kernhülle auf. Die die DNS enthaltende Substanz darin, das Chromatin, kondensiert zu den Chromosomen. Die Öffnung des Reißverschlusses beginnt. In dieser Phase ist die DNS gegen radioaktiven Beschuß besonders empfindlich. Es kommt zu Einzelstrangbrüchen, die repariert werden können, aber auch, bei besonders dicht ionisierender Strahlung, z. B. durch ein Alpha-Teilchen, zu einem Doppelstrangbruch. Solche Fälle können zum Zelltod führen, da im Informationssystem plötzlich ein Durcheinander herrscht.
Schlimmer noch ist es allerdings, wenn durch einen Tref-

fer die Zelle umprogrammiert wird, wenn sie falsch repariert wird, wenn sie also fortbesteht, aber in einer degenerierten oder entarteten Form. Dann weiß die Leberzelle zum Beispiel nicht mehr, daß sie wie eine Leberzelle aussehen soll, daß sie wie ein guter Staatsbürger im Organismus ihre speziellen Aufgaben zu erfüllen hat. Dann wuchert sie. Es entsteht ein möglicherweise bösartiger Tumor (s. Anhang S. 107, 108).

B: Wäre das eine genetische Mutation?

S: Man unterscheidet zwei Formen von Mutation. Die somatische Mutation. Sie liegt vor, wenn eine solche Änderung der Erbinformation in einer normalen Körperzelle stattfindet. Und die genetische Mutation. Das ist, wenn das gleiche in einer Geschlechtszelle passiert. Die somatische Mutation hat, wie gesagt, Zelltod zur Folge, der übrigens auch erst später, kurz vor einer Teilung stattfinden kann. Man spricht dann von reproduktivem Tod. Oder Zellenentartung. Die auf der Informationsseite geschädigte Zelle muß dabei nicht sofort zu einer Krebszelle werden. Dies kann ein langer Prozeß sein, bei dem dann auch andere Einflüsse chemischer Natur allmählich zum Ausbruch eines Krebses führen. Eine solchermaßen somatisch mutierte Zelle stellt eine Art Zeitbombe im Körper dar. Ist die Krebszelle da, verhält sie sich asozial. Sie wächst ununterbrochen auf Kosten ihrer Umgebung. Sie ist gewissermaßen lebensfähiger, da sie weniger spezialisiert ist. Ihre Vitalität tötet dann. Der Mensch wird zur Nährsubstanz. Der Parasit tötet den Wirt.

B: Wie ist es bei der genetischen Mutation?

S: Nehmen wir einmal an, daß beide elterlichen Keimzellen geschädigt sind. Die Wahrscheinlichkeit eines Fruchttodes in der Gebärmutter ist dann erheblich größer als bei Schädigung nur einer Keimzelle. Im zweiten Fall kommt es häufig zu einem Kind, das zwar lebensfähig ist, jedoch Mißbildungen oder Stoffwechselkrankheiten hat. Die dritte Möglichkeit, die scheinbar harmloseste sozusagen, wäre die Geburt eines Kindes, das äußerlich normal ist, dessen Erbanlagen jedoch geschädigt sind, so daß die Folgeschäden erst bei seinen Kindern zu Tage treten.
Man muß also bei der Untersuchung möglicher Spätfolgen immer mindestens drei Generationen abwarten, um zu einem Urteil zu kommen. Oft reicht das jedoch nicht einmal aus, denn bekanntlich gibt es dominante und rezessive Erbanlagen. Dominante Erbanlagen setzen sich bei der Verschmelzung von Samenzelle und Ei immer durch. Rezessive Erbanlagen müssen bei beiden Trägern der Erbinformationen gleichzeitig vorhanden sein. Dies ist statistisch natürlich unwahrscheinlicher, so daß es viele Generationen dauern kann, bis etwa eine rezessive Mutation sichtbar werden kann.
Man bezeichnet die Zahl der durch »spontane«, d. h. natürliche Störungen der DNS in rezessiver Form bei den Menschen gespeicherten Mutationen — die Bücher mit textentstellenden Druckfehlern in der genetischen Bibliothek sozusagen — als Mutationslast. Man hat berechnet, daß sie zur Zeit bei etwa 8 pro Person liegt. Durch radioaktive Strahlung kann diese Zahl natürlich

vergrößert werden, was ein latentes Anwachsen von Mißgeburten zur Folge hätte.
Die Natur sorgt dafür, daß die Mutationslast dadurch begrenzt gehalten wird, daß mutierte Lebewesen zumeist weniger lebensfähig sind und sozusagen wieder vom Markt des Lebens verschwinden. Das dauert jeweils eine gewisse Anzahl von Generationen. Dieses genetische Gleichgewicht der Schädigungen wird durch die wachsende Belastung durch Umweltfaktoren empfindlich gestört. Mit anderen Worten, es wird immer länger dauern, bis es sich — vielleicht auf einem höheren Pegel — wieder eingependelt hat.

B: Kommen wir noch einmal auf die andere Möglichkeit der Störung des Zellhaushaltes durch radioaktive Strahlung zurück. Wie sieht es mit den somatischen Schäden aus?

S: Sehr hohe Dosen können die äußere Hülle der Zelle zerstören. Sie läuft dann einfach aus. Dieses Phänomen, das zum sofortigen Zelltod führt und natürlich auch zum Tod des Menschen, wenn viele Körperzellen in dieser Weise geschädigt werden, ist eine Hauptwirkung der harten Neutronenstrahlung einer Neutronenbombe. Zynischerweise spricht man bei diesem grauenhaften Symptom unter Fachleuten von »Entsaftung«.
Selbst wenn die Hülle intakt bleibt, kommt es durch eindringende Strahlung im Plasma u. U. zu einem Energieaustausch, der ebenfalls verheerende Folgen haben kann. Die Strahlung gibt ihre Energie z. B. an das Zellwasser ab. Das wird dadurch hydrolisiert wie in einer Au-

tobatterie, d. h., es rutscht seinerseits auf ein höheres Energiepotential, wird aggressiv — man nennt solche veränderten Wassermoleküle übrigens, hoffentlich ohne politischen Hintersinn, »Radikale« — und kann seinerseits wieder Energie abgeben, die zur Verfälschung der DNS-Information führt. Wir hätten also keine direkte, sondern eine indirekte Wirkung der Radioaktivität. Durch Radikalbildung entstehen darüber hinaus Stoffe wie Wasserstoffperoxid, die eine direkte giftige Wirkung auf die Zelle haben können. Beide Wege können übrigens gleichgerichtet wirken, sie können sich gegenseitig verstärken. Ein direkter Treffer in der DNS — der vielleicht noch zu reparieren wäre — kann durch gleichzeitig über Radikalbildung hinzukommende Energieschübe verhängnisvoll werden.
Man kennt ein solches Zusammenwirken chemischer und radiologischer Effekte übrigens aus der Krebstherapie, wo ja beide Behandlungsformen oft parallel eingesetzt werden. Ob Strahlung also das Zellwasser zum Kochen bringt, als ob man ein glühendes Brikett in einen Wassertopf wirft, oder ob sie Gen-Zacken aus dem DNS-Reißverschluß herausbricht, beides ist gleich gefährlich, und beides kann auch bei geringer Strahlendichte geschehen. Wie im Lotto wird die Unwahrscheinlichkeit des Ereignisses durch die Vielzahl der Spieler statistisch ausgeglichen. Jede Woche gibt es einen oder mehrere Hauptgewinner. Unter denselben Gesetzen muß man schon bei niedriger Strahlendosis mit einer kontinuierlichen Anzahl von Hauptverlierern rechnen, wenn man eine schwache Radioaktivität kollektiv der ganzen Menschheit oder großen Teilen von ihr zumutet.

B: Trotz der statistischen Zufälligkeit von Schäden gibt es doch eine ungerechte Chancenverteilung. Wie sieht es mit Kindern aus und mit ungeborenem Leben?

S: Es gibt unterschiedliche Strahlenempfindlichkeiten während der Entwicklung des Menschen (s. Anhang S. 109). Das ist ähnlich wie bei den verschiedenen Entwicklungsstadien der Zelle. Teilungshäufigkeit, Wachstum, Schnelligkeit der Stoffwechselprozesse hängen damit zusammen. Grob gesagt, kann man feststellen, daß die ersten vierzehn Tage im Leben eines Menschen nach der Befruchtung diejenigen sind, in denen die Strahlenempfindlichkeit am größten ist. Schon geringe Dosen können Schäden verursachen, und da dieser kugelförmige Zellhaufen, mit dem die Entwicklung des Lebewesens beginnt, offenbar einem Alles-oder-Nichts-Gesetz gehorcht, führen Schäden zu seinem Absterben. Wegen des frühen Stadiums ist eine Schwangerschaft oft gar nicht bemerkt worden, und man registriert vielleicht nur eine Verspätung der Monatsregel.
Man hat bei Versuchen mit Mäusen herausgefunden, daß die Dosis, die hier solche Folgen hat, etwa fünf rem beträgt. Diesen Wert kann man auch auf die Verhältnisse beim Menschen übertragen. Das scheint eine hohe Dosis zu sein, die z. B. weit über der durch Tschernobyl verursachten liegt. Man muß jedoch bedenken, daß es sich bei den Versuchen um eine einmalige Bestrahlung handelt, um eine Einzeitbestrahlung. Bei chronischer Bestrahlung wie der durch Tschernobyl über die gesamten vierzehn Tage der Fruchtentwicklung hinweg kommt es zu einer Summierung. Außerdem werden dann die be-

sonders sensiblen Phasen des Zellhaufens auf jeden Fall erwischt. Zudem kann durch Inkorporation, z. B. wenn Nuklide in die Placenta gelangen, nach dem Abstandsgesetz die Strahlung in unmittelbarer Nachbarschaft der Quelle sehr hohe Werte erreichen.
Im Verlaufe der weiteren Entwicklung des Embryos gibt es eine sich anschließende Phase von ca. 3 Monaten, in der die Anlagen für die verschiedenen Organe ausgebildet werden. Strahlen müssen jetzt nicht mehr zum Tod führen. Aber sie können Mißbildungen verursachen. Nach dieser Zeit nimmt die Strahlenempfindlichkeit weiter ab, liegt aber immer noch deutlich über der eines geborenen Menschen. Die kritischen Dosen der vorgeburtlichen Phase schwanken zwischen 5 und 70—80 rem.
Man könnte sich damit trösten, daß diese Grenzwerte weit über den durch Tschernobyl verursachten Belastungen liegen. Man muß sich aber vergegenwärtigen, daß es innerhalb des entstehenden Organismus Zellen gibt, deren Empfindlichkeit weit über der normaler Körperzellen liegt. Es sind vor allem die Keimzellen des Ungeborenen. Sie sind noch einmal um den Faktor zehn strahlensensibler. Bei fünfhundert Millirem kommt man aber deutlich in den Niedrigdosenbereich, wie er jetzt für uns Wirklichkeit geworden ist. Sichtbar würde der Einfluß des Tschernobylunfalls aus diesen Gründen erst bei unseren Enkeln. In dieser Verschiebung liegt ein besonders schlimmer Effekt der Situation. Verdrängung und viel zu abstraktes Schuldbewußtsein sind hier gleichermaßen wahrscheinlich.

B: Es ist leider tatsächlich ein Symptom der allgemeinen Abstumpfung, daß nur die drastischen Auswirkungen der Radioaktivität eine mit voyeuristischer Neugier vermischte Beklemmung hervorrufen. Ähnlich, wie man die Opfer eines Verkehrsunfalls mit einer Mischung aus Schrecken und Sensationslust beschaut. Wäre Tschernobyl im Westen passiert, gäbe es sicher auch entsprechende Fotos von den akut Erkrankten in den Medien. Kannst du die wichtigsten Symptome des akuten Strahlensyndroms beschreiben?

S: Man unterscheidet die akute Strahlenkrankheit von der chronischen (Spätfolgen!), wobei die Übergänge natürlich fließend sind. Das Teuflische an der akuten Strahlenkrankheit ist einmal die Tatsache, daß sie medizinisch gesehen praktisch nicht heilbar ist. Es gibt keine echte Therapie. Man kann nur Symptome lindern.
Auch die gepriesene Möglichkeit der Knochenmarktransplantation ist nur sehr eingeschränkt wirksam. Erstens bekämpft sie nur e i n e n der Schäden, zweitens setzt sie optimale technische Bedingungen voraus, die im Katrastrophenfall sicher nicht gegeben sind. Drittens gelingt sie nur in weniger als 50% der Fälle, weil Abstoßungsreaktionen eintreten, selbst wenn der optimale Fall einer vollständigen Übereinstimmung bestimmter Faktoren, Eigenschaften des Knochenmarks gegeben ist. Das Immunsystem muß weitgehend durch Medikamente außer Kraft gesetzt werden und das in einer Verfassung des Patienten, die sowieso erhöhte Anfälligkeit gegen alle möglichen Krankheiten einschließt. Teuflisch am Strahlensyndrom ist auch, daß es mehr

oder weniger große Latenzphasen gibt, in denen der Patient praktisch gesund wirkt. Das begünstigt Fehldiagnosen und wirkt auch wie ein sadistisches Spiel mit der Überlebenshoffnung des Betroffenen (s. Anhang S. 111).

B: Welche Schädigungen und Symptome sind denn charakteristisch für die Strahlenkrankheit?

S: Man unterscheidet drei Hauptbereiche, die je nach Strahlendosis unterschiedlich stark in Mitleidenschaft gezogen sind. Reaktion des Knochenmarks, was sich im Blutbild als Abnahme der Zahl weißer Blutkörperchen zeigt — dann Veränderungen im Darmbereich. Die Darmwand verliert ihre Schutzschicht. Die Darmzotten werden freigelegt. Es kommt zu einer Art Vergiftung nach innen. Drittens Störungen des Zentralnervensystems, Kreislaufkollaps. Diese drei Krankheitsbilder sind hier als Folge ansteigender Dosis aufgezählt.
Man unterteilt die akute Strahlenkrankheit in vier Grade. Die akute Strahlenkrankheit ersten Grades, die bei einer Dosis von 100 bis 250 rem auftritt, ist hauptsächlich durch Blutbildveränderungen gekennzeichnet. Am ersten Tag kommt es noch nicht zu Erbrechen. Die Latenzzeit dauert bis zu zwei Wochen. Todesfolgen können ähnlich wie bei der chronischen Strahlenkrankheit durch Leukämie auftreten.
Die akute Strahlenkrankheit zweiten Grades entsteht bei einer Dosis von 250—450 rem. Auch hier ist vorrangig das Knochenmark betroffen. Es kommt gelegentlich schon am ersten Tag zu Übelkeit und Erbrechen. Die Latenzzeit ist kürzer. Die Gefahr eines Leukämietodes steigt.

Die akute Strahlenkrankheit dritten Grades wird durch Dosen von 450 bis 600 rem ausgelöst. 450 rem stellt übrigens die sogenannte mittelletale Dosis dar. D. h., hier tritt der Tod bei ca. der Hälfte der Patienten ein. In diesem Bereich ist zunehmend auch die Darmwand in Mitleidenschaft gezogen. Erbrechen am ersten Tag, kurze Latenzperiode, dann Durchfall, bakterielle Infektionen, Hautrisse, Geschwüre. Ebenso starker Abfall der weißen Blutkörperchen, Haarausfall.
Die Krankheit vierten Grades tritt bei Strahlung über 600 rem auf. 700 rem stellt die letale Dosis dar. Ab hier gibt es praktisch keine Überlebenschance. Zu den genannten beiden Schädigungsbereichen kommt jetzt auch die Störung des Zentralnervensystems hinzu. Sofortiges stoßweises Erbrechen. Keine Latenzzeit. Nach vierundzwanzig Stunden schlagartige Abnahme der weißen Blutkörperchen. Krampfzustände, Apathie. Bei extrem hohen Dosen tritt der Tod nach Stunden ein. Zwischen 1000 und 10 000 rem ist er ein äußerst qualvoller Vorgang, der drei bis vier Tage dauert. Rettung gibt es keine mehr.

B: Wie sieht es mit möglichen Spätschäden aus, wenn ein Patient die Krankheit überwindet, weil er vielleicht unter 700 rem abbekommen hat?

S: Wir haben drei Stadien des Krankheitsverlaufs zu unterscheiden. Das erste Stadium. Die Latenzphase. Das zweite Stadium, in der die Krankheit ihren Höhepunkt erreicht. Bei hohen Dosen fließen diese Stadien wie gesagt ineinander. Wenn der Patient das dritte Stadium überwindet, schließt sich eine unter Umständen Jahre oder Jahrzehnte andauernde Genesungsperiode an. In ihr ist mit der Schädigung der Regenerationsfähigkeit vieler Organe zu rechnen. Es kommt zu Augenkrankheiten, Anämien, zu vorzeitigem Altern, zu Leukämien und Tumorbildung, zur Häufung von Infektionskrankheiten. Außerdem zu vorübergehender Unfruchtbarkeit und zu Genschäden, also zu Auswirkungen, wie sie für die chronische Strahlenkrankheit typisch sind.

B: Die akute Strahlenkrankheit ist oft beschrieben worden. Es gibt auch Bilder wie etwa im Film »Hiroshima mon amour«. Dennoch wird weiter mit den Mitteln und technischen Voraussetzungen für solche Horrorvisionen gespielt.

S: Das Auftreten der akuten Strahlenkrankheit übersteigt menschliches Vorstellungsvermögen. Vor allem, wenn man den Kriegs- oder Katastrophenfall nimmt. Tschernobyl hat es gerade gezeigt. Mit den möglichen Spätschäden bei uns haben sich fast alle beschäftigt. Mit den akut Betroffenen ist es anders. Man kann sich einfach dieses Leiden nicht vorstellen, und man will es auch nicht. Da wird alles vor den inneren Augen ganz grau und neblig. Es ist undeutlich und weit weg. Offenbar muß hier innerlich gelogen werden, um die Kraft zum Weitermachen zu haben. Und genau dies schafft die Bedingung dafür, daß der Alptraum immer näher kommt.

B: Ich möchte nach so vielen Details zum Schluß noch

einmal die Frage stellen: Wie gefährlich ist radioaktive Strahlung?

S: Die medizinische Seite dieser Frage habe ich, so gut es mir im Rahmen dieses Buches möglich war, zu beantworten versucht. Die politische Seite dieser Frage möchte ich noch einmal zusammenfassend ansprechen. Radioaktivität ist an sich nicht gefährlich, solange sie wohl verwahrt von den atomaren Bindekräften im Tresor der Natur liegt. Den Experten ist es gelungen, diesen Tresor zu knacken. Den Politikern und den mit ihnen verbundenen Interessengruppen ist die militärische und die wirtschaftliche Verwendbarkeit des Tresorinhaltes klargeworden.
Experten sind, was Radioaktivität anbelangt, kompetent, was ihre Anwendung angeht, sind sie machtlos. Umgekehrt ist es bei den Politikern und Wirtschaftsbossen. Kommt es zwischen beiden Gruppen zu einer Zusammenarbeit, wie sie derzeit stattfindet und durch den Unfall von Tschernobyl wohl nur kurze Zeit aufgehalten wurde, erlangt Radioaktivität überhaupt erst die Gefährlichkeit, die auch medizinische Konsequenzen haben wird.
Die Ehe von Kompetenz und Ohnmacht mit dem Partner Inkompetenz und Macht hat jenes monströse Kind Radioaktivität hervorgebracht, von dem in diesem Buch die Rede war.

Das einzige, was mich hoffen läßt, ist die Klassenlosigkeit der neuen Gefahr. Radioaktivität bewirkt endlich auch konkret, was vom Christentum oder der Französi-

schen Revolution oder dem Idealkommunismus als ethische Forderung erhoben wird: Vor ihr sind wirklich alle gleich. Sie macht keine Unterschiede zwischen den Häusern und den Schilddrüsen der Reichen und der Armen. Sie schädigt Politiker genauso wie Experten, wie den Standardmenschen.
Vielleicht bewirkt dies eine völlig neue Solidarität quer durch die sozialen Schichten. Vielleicht geht das Boot der Menschheit schließlich deshalb nicht unter, weil diesmal alle in ihm sitzen und keiner mehr am Ufer steht, um nur zuzusehen.

Zwei Nachworte

Der Ungeist aus der Flasche

Der Mensch hat mit der Natur im wesentlichen zwei Erfahrungen gemacht:

Entweder steht oder liegt etwas herum. Es ruht, ist starr und fest, oder es bewegt sich gemächlich. Dies ist die Welt der Dinge, der Materie. Bäume gehören dazu, genauso wie Steine und selbst Wasser und Luft.

Oder es bewegt sich schnell, lodert auf, brennt, verändert sich, tut weh, verschwindet, zischt, brodelt, wärmt, tönt, leuchtet, zerstört. Dies ist die Welt der Kräfte, der Energie.

Obwohl sich Energie zumeist mit Hilfe von Dingen — ein geworfener Stein — oder an Dingen — eine zerbrechende Fensterscheibe — zeigt, ging man bis Anfang dieses Jahrhunderts von der aus der Alltagserfahrung gewonnenen Überzeugung aus, daß Energie und Materie so verschieden sind wie Suppe und Topf. Die Suppe ist auch ohne Topf denkbar und der Topf natürlich auch ohne Suppe.

Dann erkannten einige Experten, die querfeldein zu denken vermochten, daß dies eine naive Überzeugung war. Energie und Materie waren viel enger verwandt. Sie schienen nämlich zwei Erscheinungsformen ein und derselben Sache zu sein. Unter extremen Bedingungen konnten sie ihre Rollen wechseln, die Suppe Topfform annehmen, der

Topf zerfließen. Diesem revolutionären Gedanken, dem bald entsprechende bestätigende Experimente folgten, verdanken wir Entdeckung und Anwendung der »Atomkraft« einschließlich der damit verbundenen Probleme.

Man könnte sagen, Materie ist ein Energiegefängnis. Die Energie ist dort eingesperrt wie der berühmte Geist in der Flasche. Die Atomphysik hat sozusagen den Korken herausgezogen oder gelockert. Man könnte auch sagen, Materie ist ein Instantwürfel Energie. Löst man nur Bruchteile von ihm auf, gibt es deren gewaltige Auftritte. Die Auflösung von Materie bei Kernreaktionen bezeichnet die Physik als Massendefekt.

Die magische Zauberformel, die den Geist aus der Flasche holt, das Abrakadabra der ersten Hälfte dieses Jahrhunderts lautet E gleich m mal c Quadrat. Energie ist gleich Masse mal dem Quadrat der Lichtgeschwindigkeit. Lichtgeschwindigkeit ist eine extrem hohe Zahl. Ihr Quadrat ergibt die extrem mal extrem hohe, die gigantische Zahl neunzig Milliarden. Das Verrückte ist, daß sie auf der Materieseite der Formel $E = mc^2$ steht. Und dies besagt, daß eine winzige Änderung von Masse gewaltige Energiebeträge schluckt oder freisetzt, denn man muß ja mit neunzig Milliarden multiplizieren. Stände das c^2 auf der Energieseite, lebten wir in einer umgekehrten Welt. Man müßte sämtliche Wälder der Erde abholzen und verbrennen für eine einzige lauwarme Tasse Tee.

Wir haben vielleicht in der Schule gelernt und jetzt in diesem Buch wieder gelesen, daß Materie in Atomen sehr ungleich verteilt ist. Die chemisch aktive Haut des Atoms enthält nur einen Bruchteil der Gesamtmasse des Atoms. Fast alles ist im Kern verpackt. Dies hat zur Folge, daß es zwei getrennte Energiewelten gibt. Die Welt der Hüllenenergie und die Welt der Kernenergie. Alle Energievorgänge aus unserem Alltag waren seit Menschengedenken Phänomene der Atomhülle. Das Streicheln eines Hundes, das Erteilen einer Ohrfeige genauso wie das Autofahren oder das Wachsen einer Blume. Die konventionelle Kriegführung, die Raumfahrt mit ihren gewaltigen Energiebedürfnissen, all dies ist auch noch Hüllenenergie. Erst die Kernspaltung ermöglichte es, die andere Energiewelt anzuzapfen, statt des viel kleineren und harmloseren Geistes, der auf dem Flaschenmantel sitzt, den mächtigen Geist aus dem Inneren der Flasche zu holen. Dies erzeugt einen qualitativen Energiesprung in der Geschichte der Menschheit. Es ist auch ein Sprung der Ideologie, der sozialen Verhältnisse und der Moral. Es steht jetzt auf Grund des höheren Massendefektes der Kernenergie ein gewaltiges Potential zur Verfügung. Der Steigerung des Energieverbrauchs sind keine Grenzen mehr gesetzt, wie es noch bei den fossilen Brennstoffen der Fall war. Die nächste Technologie, die Kernfusion, ist schon in Sicht. Dann gäbe es noch größere Massendefekte. Man holt die Sonne auf die Erde herunter, imitiert ihre Kernfusionsprozesse. Energie zum Nulltarif. Man könnte aus einem Stecknadelkopf sämtliche Teekannen der Welt zum Kochen bringen. Das ist keine Utopie mehr. Es ist eine Horrorvision, deren Umrisse ständig realere Konturen bekommen. Denn auch die Kernfusion bewirkt eine ungeheure Menge an Neutronenstrahlung und sekundärer Radioaktivität.

Es gibt offenbar neben der Formel $E = mc^2$ noch eine andere Gleichung, die die naturwissenschaftliche Ebene weit übersteigt. Je mehr Masse ich zerstrahlen kann, um so gefährlicher, um so unkontrollierter wird der Vorgang. Als ob es eine Rache der Natur dafür gibt, daß man es lernt, ihren Materietresor zu knacken. Radioaktive Strahlung, harte, unsichtbare Geschosse, deren verheerende Wirkung auf den menschlichen Organismus Thema dieses Buches ist, ist sozusagen die Waffe, mit der sich die zweite Energiewelt, die Kernenergie, gegen ihre Ausbeutung zur Wehr setzt. Dies mag für manche Wissenschaftlerohren wie eine Mystifikation wertfreier Vorgänge wirken. Wie eine Vermenschlichung objektiver Verhältnisse. Ich glaube, diese sprachliche Vermenschlichung ist jedoch angemessen, da die Konsequenzen der Anwendung von Kernenergie so offenbar einer Verunmenschlichung unseres Lebens gleichkommen.

Was sollen wir tun? Wie kann man diese Entwicklung aufhalten? Offenbar reicht es nicht, zur ausschließlichen Anwendung von Hüllenenergie zurückzukehren. Da gibt es im übrigen genug ökologische Probleme. Die einzige unschädliche Form der Kernenergie, die Sonnenenergie — der Reaktor ist nämlich weit genug weg —, ist eine Teilperspektive, die vorerst am irrsinnigen Energieverbrauch des Menschen scheitert. Man könnte den Menschen als eine im Energiesektor entartete Tierart bezeichnen, als einen Energiesaurier. Nirgendwo sonst wird von einem Wesen so viel Energie verplempert. Mit der Bändigung des Holzfeuers fing diese fatale Entwicklung an, mit der Bändigung des Sonnenfeuers wird sie vorerst enden. Die Körperbe-

haarung verschwand im selben Maße, wie die Ansprüche an Wohnräume wuchsen. Heute finden es die meisten erst ab dreiundzwanzig Grad behaglich.
Ein anderes Beispiel wäre die Energieverprassung im Bewegungsbereich. Es ist bei Licht besehen ein Rätsel, warum so eifrig und so viel Auto gefahren wird. Warum verlangt der in sich unbewegliche und phantasielose Geist so unbändig nach Ortsveränderung? Warum muß er seine halbblinde und lahme Existenz so eifrig auf Straßen und Autobahnen hin und her kutschieren? Es erinnert an die hektische Unruhe von desorganisierten oder bedrohten Ameisenstaaten.
Man wird gegen dieses Buch den Vorwurf der Schwarzmalerei erheben. Es gab in der letzten Zeit eine eindrucksvolle Datenkampagne gegen die Einsicht. Die vielen Becquerels und rems haben wie ein Drahtverhau gewirkt, hinter dem sich die offizielle Meinung verschanzt hat. Es wird mit dem Trick der Detaillierung gearbeitet. Man kann jedes Problem durch Detaillierung wegschaffen. Man kann es in lauter harmlose Einzelperspektiven atomisieren. Der Trick besteht darin, daß man unterschlägt, daß es ein Zusammenwirken, eine Summierung der Fakten gibt, die ein keineswegs mehr harmloses Bild ergibt. Kippt man die harmlose Milch zum wieder harmlos gewordenen Salat, zum harmlosen Jod, zum harmlosen Caesium, zum kaum gemessenen Plutonium, zur schwachen Belastung der KKW, zur harmlosen natürlichen Radioaktivität, mischt man noch ein paar Schwermetalle hinein, dann erhält man eine höchst unbekömmliche Kost. Das wäre der russische Salat nach Tschernobyl.

Ein erstes Fazit aus unserer Darstellung wäre: Bürger, pflegt euer Mißtrauen. Dann gibt es ein paar Tips, wie man sich dem Energie- und Konsumterror, der das alles versucht, entziehen kann. Sie wirken im Rahmen des Themas fast lächerlich. Zieht euch wärmer an, regelt die Thermostate herunter, geht mehr zu Fuß oder fahrt mehr Rad, wascht nicht soviel. Wie bei den Grenzwerten sind solche Empfehlungen alles winzige Schritte, die durch die Addition jedoch eine große Wirkung hätten. Wenn man für die Abschaltung der Atomkraftwerke ist, dann sollte man auf der Bedarfsseite mit der Verweigerung anfangen. Wem das zuwenig radikal ist, der übersieht, daß die einzige konkrete Utopie, die wir vielleicht noch haben, der Alltag ist.

Uwe Bastiansen

Mein Versuch, den Umgang mit der Angst zu lernen

Wer gelernt hat, sich recht zu ängsten,
der hat das Höchste gelernt.

S. Kierkegaard

Ich bekenne, daß es mir nicht anders geht als vielen Mitmenschen, die erstmals durch die Kernkraftkatastrophe von Tschernobyl real die Bedrohung durch frei gewordene Radioaktivität erfahren: Ich habe *Angst!*

Plötzlich ist mir bewußt geworden, daß es in mir selbst zwei sich widersprechende Ebenen im Umgang mit der Radioaktivität gibt:
Da ist zunächst die berufliche Ebene durch den gewohnten täglichen Umgang mit Strahlung. Ich erfahre die Widersprüchlichkeit, daß krebskranke Menschen mit hohen Strahlendosen geheilt werden können, niedrige Dosen aber Krebs auslösen. Nun tut sich eine zweite Ebene auf: Meine Umwelt ist radioaktiv »kontaminiert«. Ich ängstige mich, weil mir klar ist, daß ich der Radioaktivität nicht entfliehen kann. »Kontaminiert«, so beginne ich zu begreifen, ist schon ein Bewältigungsversuch meiner Angst: Ich distanziere mich durch Anwendung von Begriffen, durch Flucht in Fachausdrücke davon.

Angst und Furcht sind in unserer männerdominierten Gesellschaft abweichende und unerwünschte Reaktionsweisen, dabei gehören sie doch zu den Gefahrenschutzinstinkten. Furcht ist ein stammes- und entwicklungsgeschichtliches Urgefühl des Menschen und notwendig für das Überleben einer Art. Furcht, auf ein bedrohliches Ereignis gerichtet, löst körperliche Reaktionen aus: Blutdruckanstieg, Pulsbeschleunigung, Adrenalinanstieg, Stoffwechselsteigerung — Reaktionen, die eine Schutzfunktion haben: Das Lebewesen, ob Mensch oder Tier, wird dazu angetrieben, der Not und Gefahr zu entfliehen. Angst löst also Flucht, Abwehr und Gegenangriff aus.

Jede drohende Lebensgefährdung kann Angst auslösen, das hat die Radioaktivität uns vor Augen geführt. Wir alle sind mit einer neuen Art von Beunruhigung konfrontiert, sozusagen dem »psychologischen Restrisiko«.

Angst — in unserem Dasein etwas Alltägliches und Allgegenwärtiges — wird dennoch nur selten offen geäußert. Statt dessen wird sie zumeist umschrieben, verborgen oder verleugnet. Wir verdrängen viele unserer Ängste, um zu überleben: Rüstungsspirale, Arbeitslosigkeit, Waldsterben, AIDS — wir sind Meister im Verdrängen geworden. Nur selten lassen wir Angst zu — dann zumeist als Umschreibung von Unwissenheit, Alleingelassensein, der Veränderung bisher gültiger Werte.

Die Angstabwehrmechanismen — in unserer männerbeherrschten Gesellschaft natürlich männliche Abwehrmechanismen —, völlige Verleugnung und Rationalisierung, beginnen zu wirken. Die Strahlenschutzkommission hilft hierbei kräftig mit: Strahlengefahr wird zu »Grenzwerten«

verniedlicht, Angst in wohlklingende Maßeinheiten verpackt und in kleinen Dosen »das Radionuklid der Woche« an die Öffentlichkeit gebracht, Krisenmanagement zur Bewältigung gesellschaftlicher Widersprüche.

Weibliche Umgangsweisen mit der Angst sind nicht gefragt: Angst anerkennen als Bestandteil unserer Existenz? Sorge um unsere Kinder? Angst um das Überleben der Menschheit? — Nein, danke!

Oft bin ich in den letzten Wochen und Monaten gefragt worden: »Darf ich schwanger werden?«, »Wird mein ungeborenes Kind gesund zur Welt kommen?« Immer wieder habe ich dabei meine ganz persönlichen Ängste gefühlt. Natürlich konnte und mußte ich besorgte werdende Mütter beruhigen. Dabei habe ich mich zugleich gefragt: Ist es wirklich beruhigend, sich darauf zu beschränken, daß *diese* Generation vielleicht durch Radioaktivität nicht kränker wird? Ist es nicht auch beunruhigend, daß wir vielleicht erst in drei bis vier Generationen wissen werden, welcher genetische Schaden durch die sogenannte »friedliche« Nutzung der Kernenergie an uns Menschen angerichtet wurde?

Unterschlagen wird von den amtlichen Abwiegelungskommissionen, daß unsere Welt nach Tschernobyl anders geworden ist: Radioaktivität ist grenzenlos, sie ist um uns und in uns. Hilflos verfolgen wir Verhaltensmaßregeln, die doch nicht verhindern können, daß wir alle in Zukunft radioaktiver werden. Auch offizielle Stellen sprechen von »einigen tausend Krebstoten mehr«. Unheilbare Erkrankungen und Tod werden mit Hilfe der herrschenden Sprache zum »Restrisiko« verniedlicht.

Die Angst als Schutzreflex greift nicht mehr. Wir können der Radioaktivität nicht entrinnen, sie ist in uns. Schutzreflexe nützen uns also nichts mehr, Gegenwehr und Flucht sind als Reaktionen sinnlos geworden.

Uns wird klar: Radioaktivität ist nur zu einem geringen Teil Bedrohung durch Naturgewalten, sie ist vielmehr eine Bedrohung, die durch menschliches Handeln ausgelöst wird und sich unmittelbar gegen den Menschen wendet, gegen uns alle. Plötzlich wird uns unsere Widersprüchlichkeit klar: Vieles, was wir tun, stimmt nicht überein mit unseren Einsichten und Absichten. Immer mehr Menschen, denen die Widersprüche unerträglich geworden sind, können nicht anders leben, als Inhalte aus ihrem Bewußtsein auszugrenzen, zu leugnen. So gehen wir mit steigender Strahlenbelastung einer zunehmenden neurotischen Angstlosigkeit in unserer Gesellschaft entgegen. Sensible und Furchtsame werden ausgegrenzt und in Außenseiterpositionen gedrängt. Sie stören als Vermittler unliebsamer Nachrichten und werden dem Inhalt dieser Nachrichten gleichgesetzt. Damit werden sie anstelle der Radioaktivität verantwortlich gemacht für alles Bedrohliche und Destruktive. Vielen, die aufgrund ihres beruflichen und fachlichen Wissens vor den Gefahren der Radioaktivität warnen, wird das Schüren von Hysterie, wird Panikmache vorgeworfen. Wissenschaftlern, die der Umweltbewegung nahestehen, wird »Unwissenschaftlichkeit« ihrer kritischen Äußerungen vorgeworfen, sie werden aus dem Wissenschaftsbetrieb ausgegrenzt. — Dieses sind Wege der herrschenden Angstabwehr, in die »halbamtlich« auch die meisten Medien mit einstimmen. Manifeste ökonomische Interessen sind bedroht: Strahlenangst gefährdet die Profite der Kernkraftindustrie. Der Staat selbst, in Übereinstimmung mit der Kernkraftlobby auf die »normative Kraft des Faktischen« bauend (». . . wir müssen halt mit der Kernkraft — zumindest noch einige Zeit — leben«), gerät zunehmend in eine Legitimationskrise. Selten war das Mißtrauen in Experten, Institutionen und Behörden so stark wie heute: Mehr als die Hälfte der Bevölkerung der Bundesrepublik sind gegen die Kernenergie, dennoch wird am staatlichen Atomprogramm festgehalten. Demokratie als Willensbekundung der Mehrheit der Bevölkerung — eine Illusion? Auch das macht mir Angst: der Verlust an Demokratie.

Gewöhnen sollten wir uns nicht an die Radioaktivität, gewöhnen sollten wir uns auch nicht an unsere Ängste. Lernen wir, unsere Ängste anzunehmen, auszuhalten, auszutauschen und auszusprechen, überwinden wir die Zweifel an unserer eigenen Widerstandskraft! Wenn wir alle unsere ganz persönliche Bedrohung und Beunruhigung akzeptieren und unsere Gefühle von Isoliertheit, Machtlosigkeit und Ausgeliefertsein überwinden, kann es gelingen, unsere Angst in Kraft zu verwandeln. — Gemeinsam können wir versuchen, durch beispielgebendes solidarisches Handeln und verständliche Aufklärung ein Klima zu schaffen, in dem unsere Mitmenschen ihre Angst, ob ihrer Angst schief angesehen zu werden, überwinden können.

Das vorliegende Buch soll dabei helfen, uns in unseren Wertvorstellungen der Kernenergie gegenüber umzuorientieren und den Prozeß der alltäglichen Verdrängung unserer Ängste zu stoppen.

Jeder einzelne ist wichtig, jeder einzelne kann hier etwas tun. Die freigesetzte schöpferische Energie vieler Millionen Menschen — das ist meine feste Überzeugung — wird in der Lage sein, die weitere Freisetzung von Radioaktivität zu verhindern.

Wagen wir den Beweis, daß Albert Einstein unrecht hatte, als er sagte:

»Die Kernspaltung hat alles verändert,
nur nicht die Art unseres Denkens.
Deshalb steuern wir unaufhörlich
auf eine Katastrophe zu.«

Gerhard Schneider

Anhang

Energiedosis D
gemessen in Gray (Gy)
bezeichnet die Aufnahme einer Energie von 1 Wattsekunde pro Kilogramm eines Stoffes

$1\ \mathrm{Gy} = 1\ \frac{\mathrm{Ws}}{\mathrm{kg}}$ 1 Gy = 100 rd (alte Einheit Rad)
1 Ws = 1 Joule

Äquivalentdosis H
gemessen in Sievert (Sv)
bezeichnet die biologische Wirksamkeit einer Strahlung durch zusätzliche Berücksichtigung der Ionisationsdichte

$H = q \cdot D$ 1 Sv = 100 rem (alte Einheit Rem)

Die wichtigsten Strahlenbewertungsfaktoren q

α-Strahlen	20	langsame Neutronen	4
β-Strahlen	1	schnelle Neutronen	5–10
γ-Strahlen	1	Protonen	10
Röntgenstralen	1		

Formel zur Berechnung der effektiven Halbwertszeit:

$$\frac{1}{\mathrm{HWZ\ eff}} = \frac{1}{\mathrm{HWZ\ phys}} + \frac{1}{\mathrm{HWZ\ biol}}$$

HWZ phys: physikalische Halbwertszeit
HWZ biol: biologische Halbwertszeit

Die wichtigsten Radionuklide

Element	Massenzahl	Halbwertszeit
Tritium	3	12,3 a
Stickstoff	13	10,0 m
Kohlenstoff	14	5736 a
Sauerstoff	15	2,0 m
Natrium	22	2,6 a
Phosphor	32	14 d
Cobalt	60	5,3 a
Zink	65	244 d
Krypton	85	10,6 a
Rubidium	86	19 d
Strontium	89	54 d
Strontium	90	29 a
Yttrium	90	64 h
Yttrium	91	59 d
Zirkonium	95	65 d
Niob (m)	95	90 d
Niob (m)	95	35 d
Molybdän	99	66 h
Technetium	99 meta	6 h
Ruthen	103	40 d
Rhodium	103	57 m
Ruthen	106	371 d
Rhodium	106	30 s
Silber	111	7,5 d
Cadmium	115	43 d
Zinn	117	14 d
Zinn	119	245 d
Zinn	123	125 d
Zinn	125	9,7 m
Antimon	125	2,8 a
Tellur	125	58 d
Antimon	127	3,7 d
Tellur (m)	127	109 d

a = Jahr   d = Tag   h = Stunde   m = Minute   s = Sekunde

Element	Massenzahl	Halbwertszeit
Tellur	127	9,3 h
Tellur (m)	129	33,5 d
Tellur	129	70 m
Jod	129	15 700 000 a
Jod	131	8,1 d
Xenon	131	12 d
Tellur	132	78 h
Jod	132	2,3 h
Xenon	133	5,3 d
Cäsium	134	2,06 a
Cäsium	136	13 d
Cäsium	137	30 a
Barium	137	2,6 m
Barium	140	12,8 d
Lanthan	140	40,2 h
Cer	141	32,5 d
Praseodym	143	14 d
Cer	144	284 d
Praseodym	144	17,3 m
Neodym	147	11 d
Prometium	147	2,5 a
Samarium	151	93 a
Europium	155	1,8 a
Europium	156	15 d
Polonium	210	138 d
Radon	222	3,8 d
Thorium	232	14 Milliarden a
Neptunium	237	2 140 000 a
Uran	238	4,5 Milliarden a
Neptunium	239	2,4 d
Plutonium	239	24 000 a
Plutonium	240	6550 a
Plutonium	241	14,4 a
Americum	241	432,6 a

a = Jahr d = Tag h = Stunde m = Minute s = Sekunde

Durchschnittliche natürliche Strahlenbelastung in der BRD

ca. 110 – 120 mrem/a (Millirem pro Jahr)

davon entfallen auf	kosmische Strahlung	30 – 40 mrem
	terrestrische Strahlung	50 mrem
	innere Strahlung (Kalium)	30 mrem

Durchschnittliche zivilisatorische Strahlenbelastung (ohne Tschernobyl)

ca. 60 mrem
Hauptanteil: Röntgendiagnostik ca. 50 mrem

Besondere Gebiete mit hoher terrestrischer Strahlenbelastung (nach UN-Bericht 16, 1962 und UN-Bericht 1972)

Gegend	Radioaktives Gestein	Populationsgröße	Externe Dosis-Rate in Luft (kosmisch und terrestrisch)
Brasilianische Küste (Guarapari und Meaipe)	Monazitsand	20 000	90 – 2800 mrem/a
Minas Gerais und Goias (Brasilien)	Vulkanisch (mineral.)	350	1600 mrem/a (Spitze 12 000 mrem/a
Kerala (Indien)	Monazitsand	70 000	
		(davon 16 600)	> 500 mrem/a
		davon 4 500	> 1000 mrem/a
		davon 470	> 2000 mrem/a
Niue Island (Pazifik)	Vulkanisch	4 500	1000 mrem/a

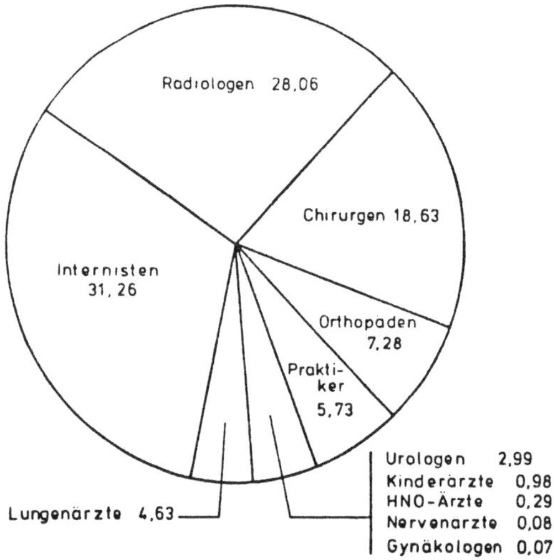

Prozentualer Anteil der Fachgruppen an der radiologischen Tätigkeit
Quelle: Manstein, B., Strahlen, 1977

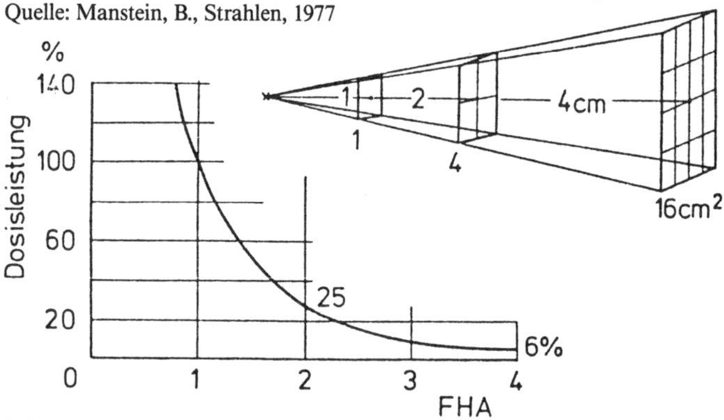

Erläuterungen des Quadratgesetzes. Die Dosisleistung 1 im Abstand 1 fällt im Abstand 2 auf 1/4 und im Abstand 4 auf 1/16 des Anfangswertes, weil die bestrahlte Fläche gleichzeitig von 1 im Abstand 1 auf das 4- bzw. 16fache in den Abständen 2 und 4 anwächst (n. Wachsmann, in: Die Strahlentherapie; Thieme, Stuttgart 1949; S. 14).

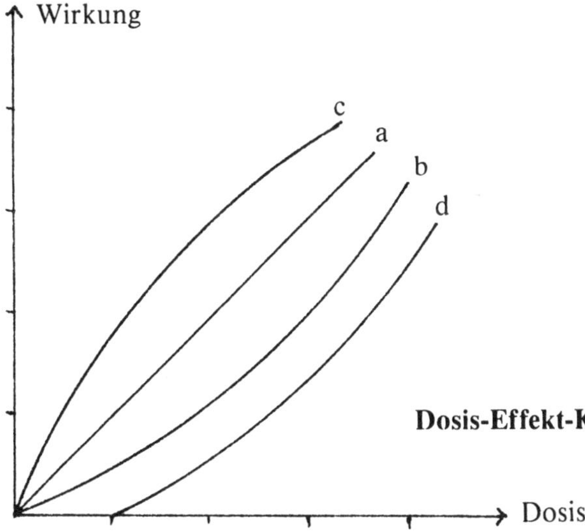

Dosis-Effekt-Kurven

Vier Weltbilder im Dosis/Wirkungsvergleich:

Kurve a bedeutet von der Dosis null an eine lineare Zunahme der Schäden.

Kurve b bedeutet von der Dosis Null an ein zunächst langsames Ansteigen der Schäden (Reparatureffekt!). Ab ca. 100 rem wird aus der quadratischen Funktion ebenfalls eine lineare.

Kurve c bedeutet ein zunächst verstärktes Anwachsen der Wirkungen im Niederdosisbereich (überlineares Modell).

Kurve d bedeutet, daß Schäden erst jenseits eines Schwellenwertes, einer Mindestdosis, auftreten. Auch dann zunächst ein langsames Ansteigen!

Wichtungsfaktoren der ICRP:

Organ	momentan gültiger Grenzwert (rem/a)	Wichtungsfaktor der ICRP ICRP 26	geplanter neuer Grenzwert (rem/a)	Erhöhung des Grenzwertes
Ganzkörper	5	1	5	—
Gonaden	5	0,25	20	4 x
Brust	15	0,15	32	2,1 x
Knochenmark	5	0,12	42	8,4 x
Lunge	15	0,12	42	2,8 x
Schilddrüse	15	0,03	167	11 x
Knochen	30	0,03	167	5,6 x
übrige Organe	15	0,3	17	1,1 x

Einige Dosisfaktoren (g): (Werte umstritten)

Kobalt 60	0,01	Jod 131	0,034
Strontium 90	0,003	Caesium 137	0,042

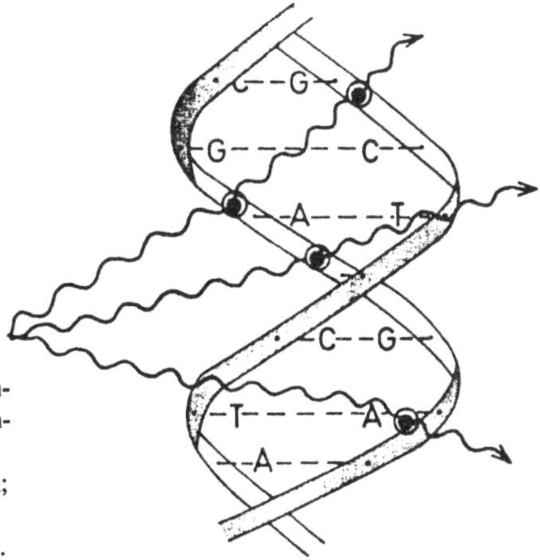

Durch energiereiche Strahlung mögliche Veränderungen an der DNS.
Oben: Doppelstrangbruch;
Mitte: Einstrangbruch;
Unten: Basenveränderung.

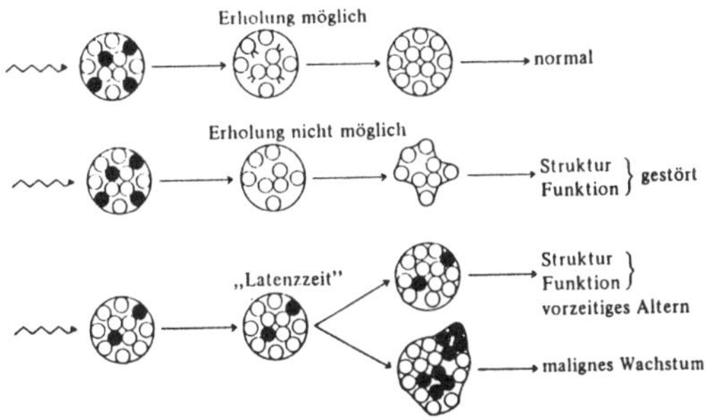

Mögliche Auswirkungen von genetischen und (oder) kanzerogenen Schäden der Körperzellen.
Oben: Mutation führt zu Tod der Zelle, Zellen werden ersetzt.
Mitte: Geschädigte Zellen können nicht mehr ersetzt werden.
Unten: Mutierte Zellen bleiben erhalten. Entweder tritt die Mutation sofort auf oder später. Möglichkeit der Teilung der mutierten Zellen (bösartiges Wachstum).

Bedeutsame Strahlenschädigungen als Folge kleiner Strahlendosen

Wirkung	Biologische Primärprozesse	Bedeutung	Experimentell geprüfte Minimaldosis	Mutmaßliche Minimaldosis
Genetische Änderungen in der Keimzelle	Gen-Chromosomenmutationen	subtile Änderungen Krankheit Mißbildung Tod	8 rem	keine
Genetische Änderungen in somatischen Zellen Cross-over-Induktion	Gen-Chromosomenmutationen Heterozygotie oder Homozygotie	vorzeitiger Tod (?) Krebs (?) vorzeitiges Altern (?) immunologische Störungen (?) Krankheit (?)	250 mrem	keine
Entwicklungsstörungen (Wirkung auf Embryonen und Feten)	Mutation Zellverlust Wachstumshemmung biochemische Störungen usw.	Mißbildung Hemmung Krankheit Tod	5 rem	keine
Induktion von Krebs	Mutation (?) biochemische Störungen (?) Aktivierung von Viren (?)	Krankheit Tod	200 – 250 mrem (Embryo)	keine

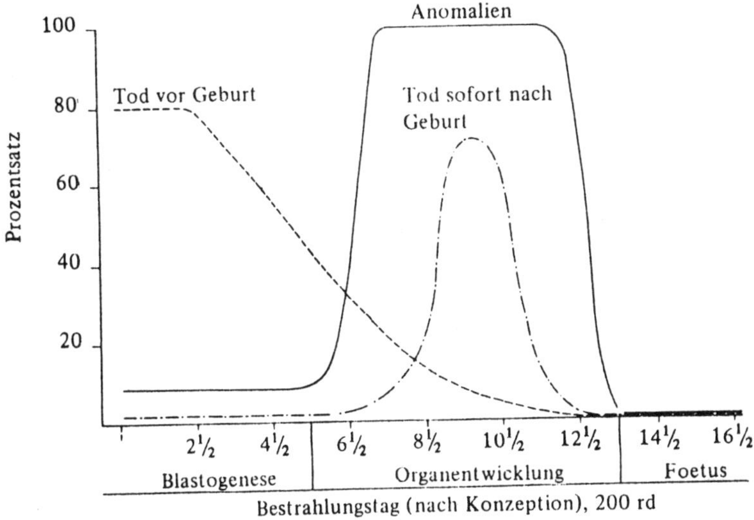

Häufigkeit von Mißbildungen und Todesfällen nach Bestrahlung verschiedener Entwicklungsstadien von Mäusen mit 200 rem (nach RUSSELL und RUSSELL 1954).

Charakteristische Dosiswerte für die kurzzeitige Ganzkörper-Bestrahlung des Menschen (Gamma-Strahlen)

25 r	Grenz-Dosis, bis zu der im allgemeinen keine klinisch erkennbaren Schäden auftreten (»cortical dosage«)	1) 2) 3)
25–100 r	Lymphopenie, weitere leichte Symptome	4)
50 r	Reduktion der Lymphozyten	1)
75 r	kritische Dosis (»emergency dose«)	1)
100 r	Nausea, Erbrechen, Müdigkeit bei einem großen Teil der Menschen	1)
100–200 r	stärker und länger anhaltende Lymphopenie, ernste Strahlenkrankheit, erste Todesfälle	4)
150 r	Strahlenkrankheit bei 50%	1)
200 r	Depression aller Blutelemente, Verminderte Vitalität.	1)
	Etwa 5% Mortalität	2)
225 r	Strahlenkrankheit bei 100%	1)
250 r	5% Mortalität	1)
400 r	50% Mortalität (innerhalb v. 30 Tg.)	1) 2) 3)
600 r	100% Mortalität	1)
	95% Mortalität (innerhalb v. 14 Tg.)	2)

1) Plough (1952) (P 92), 2) The Effects of Atomic Weapons (1950) (U 10), 3) Behrens (1951) (B 54), 4) Cronkite (1949) (C 167).

Verlauf des akuten Strahlensyndroms beim Menschen nach kurzzeitiger Ganzkörperbestrahlung.

(Gamma-Strahlen)

Zeitraum nach der Bestrahlung	Letale Dosen: (um 700 r)	Mittelletale Dosen: (um 400 r)	Subletale Dosen: (um 100 r)
1. Woche	Übelkeit und Erbrechen nach 1 bis 2 Stunden		Keine deutlichen Symptome.
	Keine deutlichen Symptome	Keine deutlichen Symptome.	
2. Woche	Diarrhöe, Erbrechen, Entzündung von Mund u. Rachen. Fieber, schneller Kräfteverfall, Tod. (Mortalität fast 100%)		
3. Woche		Beginnender Haarausfall, Appetitmangel, Allgemeines Unwohlsein, Fieber.	Haarausfall, Appetitmangel, Allgemeines Unwohlsein,
4. Woche		Schwere Entzündung von Mund und Rachen, Mattigkeit, Petechien, Diarrhöe, Nasenbluten.	wunder Rachen, Mattigkeit, Petechien, Diarrhöe.
		Schneller Kräfteverfall, Tod (Mortalität wahrscheinlich 50 Prozent)	Mäßiger Kräfteverfall. (Erholung wahrscheinlich, falls nicht Komplikationen auftreten.)

Bei kurzzeitiger Ganzkörperbestrahlung erforderliche Dosen für 50prozentige Mortalität innerhalb von 30 Tagen. (Röntgen- bzw. Gamma-Strahlen)
(Durchschnittswerte nach der verfügbaren Literatur).

Tier	Dosis
Amöbe	100 000 rem
Schnecke	20 000 rem
Hamster	900 rem
Kaninchen	800 rem
Maultier	650 rem
Ratte	600 rem
Maus	550 rem
Affe	550 rem
Mensch	500 rem
Schwein	430 rem
Hund	400 rem
Meerschweinchen	400 rem
Ziege	350 rem

Strahlenschäden bei geringer Dosis, Übersicht über wissenschaftliche Untersuchungen

Strahlenquelle	Dosis	Kollektiv	Art des Schadens	Autoren
Radonbelastung in Badgastein	einige rad	177 Einw.	Chromosomenaberrationen	Pohl-Rüling u. a. 1976
Erhöhte Untergrundstrahlung Brasilien	6 rad/Jahr	202 Einw.	Chromosomenaberrationen	Barcinski u. a. 1975
Erhöhte Untergrundstrahlung Kerala	bis > 2 rad/Jahr	20 000	Totgeburten, Kindersterblichkeit	Gopal-Ayengar u. a. 1972
"	"	12 900	Mongolismus, Schwachsinn	Kochupillai u. a. 1976
Höhenstrahlung		Weltbevölk.	genetische Effekte	Wesley 1960
"		"	Krebserkrankungen	Archer 1978
Radon in Steinhäusern		11 000	Lungenkrebs 5fach erhöht gegenüber Holz	Axelson u. a. 1979
Diagnostische Röntgenstrahlen			Leukämie und Krebs im Kindesalter nach pränataler Bestrahlung	Stewart und Kneale 1970; MacMahon 1962; Bross und Natarajan 1972; Diamond u. a. 1973
"		20 000	Mißbildungen bei Kindern bestrahlter Eltern	Diamond u. a. 1973; Albermann u. a. 1972
"	einige rad	dänisch	Leukämie	Faber u. a. 1958
"	"	britisch	"	Stewart u. a. 1962
"	in Einzeldosen < 0.5 rad	1500 Fälle USA	Leukämie erhöht bei Männern	Gibson u. a. 1972
"	0.5 – 4.2 rad	1,3 Mill. Einw. UdSSR	Leukämie 14×10^{-6} rad^{-1}	Osechinskij u. Shansakina 1978
^{131}J-Therapie der Schilddrüse	7 – 13 rad (Knochenmark)	18 000	Leukämie	Lewis 1971
Versch. med. Bestrahlungen			Multiples Myelom	Najarian, Castleman 1979
Fallout USA			Kindersterblichkeit	Sternglass 1979

Strahlenquelle	Dosis	Kollektiv	Art des Schadens	Autoren
Fallout „Early Entrants“ Hiroshima	ca. 10 rad	26 000	Leukämie 160 pro Mill. pro rad	Rotblat 1978
Fallout Hiroshima und Nagasaki	“	80 000	alle bekannten Krebsarten erhöht	Schmitz-Feuerhake u. a. 1979 (Baum 1977)
Fallout in Utah			Leukämie	Lyon u. a. 1979
Fallout „Smoky“-Test in Nevada	1,3 rad ?	2245 Soldaten	8 Leukämiefälle	Center for Disease Control 1979
Versch. US-AKW			Totgeburten, Kindersterblichkeit, Mißbildungen, Krebs	Sternglass 1979
Radioaktive Verseuchung bei Windscale			Leukämie	Geary u. a. 1979
Three Mile Island-Unfall			Kindersterblichkeit	Sternglass 1980 und Pressemitt.
Röntgenärzte		2 700 Geburten	genetische Effekte bei Nachkommen	Macht und Lawrence 1955
“		1 500 Tote	Krebstod erhöht	Matanowski 1975
Plutoniumarbeiter Hanford	bis einige rad	3 500	Krebstod erhöht	Mancuso u. a. 1977
Reparatur Atom-U-Boote		146	6 Leukämiefälle; übrige Krebsrate erhöht	Najarian, Colton 1978
Plutoniumverseuchung		1,1 Mio.	10 – 24% erhöhte Krebshäufigkeit	Johnson 1981
Todesursachen bei AKW-Arbeitern	3,2 rem	40 000	15fach erhöhtes Risiko für Leukämie und Tumore	Beral, u. a. 1983
Fallout in Utah		4 125	Krebshäufigkeit nahezu verdoppelt, Leukämie 5fach erhöht	Johnson 1984

Who's who
Die Strahlenschutz-Kommission

Prof. Dr. Dr. E. Oberhausen (Vorsitzender); Radiologische Klinik, Romburg (Saar).

Prof. Dr. Dr. Harder (1. stellvertr. Vors.); Institut für Biophysik der Uni Göttingen.

Prof. Dr. R. Neider (2. stellvertr. Vors.); Bundesanstalt für Materialprüfung, Berlin.

Prof. Dr. K. Aurand; Ehem. Bundesgesundheitsamt Berlin.

Prof. Dr. A. Bayer; Kernforschungszentrum Karlsruhe.

Prof. Dr. L. E. Feinendegen; Kernforschungsanlage Jülich GmbH.

Prof. W. Feldt; Bundesforschungsanstalt für Fischerei, Labor für Radioökologie der Gewässer, Hamburg.

Prof. Dr. J. Hacke; Hahn-Meitner-Institut für Kernforschung Berlin.

Dr. R. Hille; Kernforschungsanlage Jülich.

Prof. Dr. Hinz; Institut für Strahlenschutz des Bundesgesundheitsamtes, 8042 Neuherberg.

Prof. Dr. W. Jacobi; Gesellschaft für Strahlen- und Umweltforschung, Neuherberg.

Prof. Dr. A. Kellerer; Institut für Medizinische Strahlenkunde der Uni Würzburg.

Dr. K. Niklas; Gesellschaft für Strahlen- und Umweltforschung mbH, Neuherberg.

Prof. Dr. W. Pohlit; Institut für Biophysik der Uni Frankfurt.

Dipl.-Phys. M. Tscherner; Technischer Überwachungsverein Rheinland e. V., Köln.

Prof. Dr. S. Wagner; Physikalisch-Technische Bundesanstalt, Braunschweig.

Quelle: TAZ, Stand 23. 5. 86

Zusammensetzung der Strahlenkommission des BUND (Bund für Umwelt und Naturschutz Deutschland e. V.)

Prof. H. Ackermann
Kernphysiker

Prof. Dr. Dr. Altner
Biologe und Theologe

Prof. Dr. Baumgartner
Meteorologe

Prof. Dr. Hermann Beckenkamp
Mediziner und
Krebsepidemologe

Prof. Dr. Herbert Begemann
Internist und Radiologe

Prof. Dr. Jochen Benecke
Kernpyhsiker

Eduard Bernhard

Bremer Umwelt Institut
Dr. Werner Balzer
Dipl.-Chemiker

Prof. Dr. Wolf Broda
Anlagentechniker

Prof. Dr. Martin Creuzburg
Physiker, Strahlenschutzbeauftragter Universität Regensburg

Dr. Harald Friedrich
Biologe/Biochemiker

Dr. Rolf Gmelich
Mediziner

Dr. Dietrich Grönemeyer
Radiologe

Gruppe Ökologie Hannover:
Ute Boikat
Gruppe Ökologie

Helmut Burdorf
Gruppe Ökologie

Ulrike Fink
Gruppe Ökologie Hannover

Dr. Helmut Hirsch
Gruppe Ökologie

Horst Hochmuth
Arzt

Dr. Bruno Hügel
Physiologe und Chemiker

Peter Kafka
Physiker

Dr. Helmut Klein

Prof. Dr. Gerhard Kneitz
Zoologe

Stefan Kohler
ÖKO-Institut

Dr. Georg Löser
Physiker

Priv. Doz. Dr. Helmut Mayer
Meteorologe

Prof. Dr. Robert Mayer
Bodenkundler

Dr. Alfred Mechtersheimer
Friedens- und Konfliktforscher

Dr. Jochen Meyen
Tierarzt

Prof. Dr. Gustav Obermaier
Physiker

Prof. Dr. Günther Reichelt
Biologe

Jürgen Resch

Michael Sailer, Bernhard Fischer
Physiker
ÖKO-Institut Darmstadt

Dr. Christian Sailer
Rechtsanwalt

Gerhard Schneider
Radiologe und Strahlentherapeut

Dr. B. Steinhilber-Schwalb
Radiologe, IFEU

Stiftung ökol. Landbau
Immo Lünzer

Prof. Dr. Eberhard Stüber
Biologe, Uni Salzburg

Dr. Heinz Sundermann

Dr. Dieter Teufel
Biologe, IFEU

Dr. Klaus Traube
Anlagentechniker

Dr. Ludwig Trautmann-Popp
Kernphysiker

Verband der Stillgruppen
Sylvia Braun

Prof. Dr. rer. nat. Frederic Vester
Biochemiker und Systemforscher

Hubert Weiger
Bodenkundler

Dr. Peter Weihs
Biologe, Uni Wien

Hubert Weinzierl
1. Vorsitzender des BUND

Prof. Dr. Arnim Weiß
Chemiker

Siegfried Wilberg
Anlagentechniker

Prof. Dr. W. Witthuhn
Kernphysiker

Jedes Ding hat zwei Seiten

AKWs	Bürgerinitiativen
Kernkraftwerk Biblis Informationszentrum 6843 Biblis Telefon 0 62 45 / 21 28 03	**Biblis A,** Druckwasserreaktor (DWR), 1.204 Megawatt (elektrisch), seit 1975 in Betrieb, Kontakt: AGU Biblis, c/o Christa Hübel, Pfadgasse 57, 6843 Biblis, Telefon 0 62 45 / 79 59. **Biblis B,** DWR, 1.300 MWe, seit 1977 in Betrieb, Kontakt: siehe Biblis A
Kernkraftwerk Brokdorf (KBR) Informationsstelle Dorfstraße/Schule 2211 Brokdorf Telefon 0 48 29 / 6 55	**Brokdorf,** DWR, 1.365 MWe, soll noch dieses Jahr in Betrieb gehen, Kontakte: BI Pinneberg, c/o Heide Kähler, Gerhart-Hauptmann-Straße 37, 2080 Pinneberg, Telefon 0 41 01 / 6 25 44 und BUU Hamburg, Weidenstieg 17, 2000 Hamburg, 20, 0 40 / 40 04 23
Kernkraftwerk Brunsbüttel (KKB) Informationszentrum 2212 Brunsbüttel Telefon 0 48 52 / 8 73 34	**Brunsbüttel,** Siedewasserreaktor (SWR), 805 MWe, seit 1976 in Betrieb, Kontakt: AKU Brunsbüttel, Regina Nagel, Brandholzweg 1, 2224 Burg-Dithmarschen, Telefon 0 48 25 / 72 79
Kernkraftwerk Unterweser (KKU) Informationspavillon 2883 Rodenkirchen-Stadland 1 Telefon 0 47 32 / 5 00	**Esensham,** DWR, 1.300 MWe, seit 1979 in Betrieb, Kontakt: AG Esensham im AK Wesermarsch, c/o Hans-Otto Meier, 2880 Brake, Telefon 0 44 01 / 38 13
Kernkraftwerk Grafenrheinfeld (KKG) Informationszentrum 8722 Grafenrheinfeld Telefon 0 97 23 / 62 22 02	**Grafenrheinfeld,** DWR, 1.300 MWe, seit 1981 in Betrieb, Kontakt: BI Umwelt- und Lebensschutz, c/o Peter Fuchs, Unterer Friedhofsweg 22, 8721 Reidenfeld, Telefon 0 97 23 / 23 22

Gemeinschaftskernkraftwerk Grohnde
3254 Emmerthal
Telefon 0 51 55 / 6 71

Grohnde, DWR, 1.361 MWe, seit 1985 in Betrieb, Kontakt: Verein für angewandten Umweltschutz, Berliner Straße 6, 3250 Hameln 1, Telefon 0 51 51 / 5 15 29

Kernkraftwerk Gundremmingen
Informationszentrum
8871 Gundremmingen
Telefon 0 82 24 / 78 22 31

Gundremmingen II B, SWR, 1.310 MWe, seit 1984 in Betrieb, Kontakt: Schutzgemeinschaft Donauried, c/o Joachim Meyen, Birkenweg 2, 8851 Buttenwiesen, Telefon 0 82 74 / 3 23
Gundremmingen II C, SWR, 1.310 MWe, seit 1985 in Betrieb, Kontakt: siehe Gundremmingen II B

Prototypkernkraftwerk THTR-300, Hamm-Uentrop
Kraftwerk Westfalen
Siegenbeckstraße 10
4700 Hamm 1
Telefon 0 23 88 / 24 36

Hamm-Uentrop, Thorium-Hochtemperaturreaktor 300, 308 MWe, derzeit in Probebetrieb, sollte ursprünglich schon 1976 in Betrieb gehen. Kontakt: BI Hamm, Feidikstraße 19, 4700 Hamm, Telefon 0 23 81 / 2 37 87

SNR-Versuchskraftwerk Kalkar (SNR-300)
Informationszentrum
4192 Kalkar 1
Telefon 0 28 24 / 14 21 61

Kalkar, Schneller Natriumgekühlter Reaktor 300, 327 MWe, sollte ursprünglich 300 Mio DM kosten und 1978 fertiggestellt sein, kostet jetzt 7 Milliarden DM und wird entweder 1987 oder gar nicht in Betrieb gehen. Kontakt: Willibald Kunisch, Rabenhorst 3, 4192 Kalkar-Wissel, Telefon 0 28 24 / 68 68

Kernkraftwerk Krümmel (KKK)
Informationszentrum
Elbuferstraße 80
2054 Geesthacht
Telefon 0 41 52 / 59 40

Krümmel, SWR, 1.316 MWe, seit 1984 in Betrieb, Kontakt: Wolfgang Glaß, Bahnstraße 31, 2054 Geesthacht, Telefon 0 41 52 / 7 42 06

Kernkraftwerk Emsland (KKE)
Informationszentrum
Am Hilgenberg
4450 Lingen
Telefon 05 91 / 58 33
Dieses Kraftwerk befindet sich noch im Bau. Es wird voraussichtlich 1988/89 fertiggestellt sein.

Lingen, DWR, 1.301 MWe, soll 1988 in Betrieb gehen, Kontakt: BI Emsland gegen Atomanlagen, c/o Werner Bußmann, Gartenstraße 51, 4478 Geeste 3, Telefon 0 59 07 / 5 45

Kernkraftwerk Mülheim-Kärlich
Informationszentrum
5403 Mülheim-Kärlich
Telefon 0 26 37 / 6 04 24 56

Mülheim-Kärlich, DWR (gleicher Reaktortyp wie Harrisburg), 1.308 MWe, derzeit in Probebetrieb, Kontakt: AG Umweltschutz, c/o Brigitte Schneider, Schloßstraße 27–29, 5400 Koblenz, Telefon 02 61 / 3 84 10

Gemeinschaftskernkraftwerk Neckar (GKN)
Informationszentrum
7129 Neckarwestheim
Telefon 0 71 33 / 13 23 48

Neckarwestheim I, DWR, 885 MWe, seit 1976 in Betrieb, Kontakt: BUND Mittlerer Neckar, c/o Hans Heydemann, Tunzhoferstraße 3, 7000 Stuttgart 1,
Neckarwestheim II, DWR, 1.314 MWe, soll 1989 ans Netz, Kontakt: siehe Neckarwestheim I

Kernkraftwerk Obrigheim (KWO)
Informationszentrum
6951 Obrigheim a. N.
Telefon 0 62 61 / 6 54 96

Obrigheim, DWR, 345 MWe, seit 1969 in Betrieb, Kontakt: BI Obrigheim, c/o Peter Wunsch, Lindenweg 21, 6950 Mosbach, Telefon 0 62 61 / 56 44

Kernkraftwerk Isar (KKI)
Informationszentrum
8307 Essenbach
Telefon 0 87 02 / 20 23 99

Ohu I, SWR, 907 MWe, seit 1979 in Betrieb, Kontakt: Bürgerforum gegen AKW, c/o Thomas von Tauffenbach, Dammstraße 13, 8300 Landshut, Telefon 08 71 / 6 58 86
19) **Ohu II,** DWR, 1.350 MWe, soll 1989 ans Netz gehen, Kontakt: siehe Ohu I

Kernkraftwerk Philippsburg (KKP)
Informationszentrum
Rheinschanzinsel
7522 Philippsburg
Telefon ✆ 0 72 56 / 85 45 99

Philippsburg I, SWR, 900 MWe, seit 1979 in Betrieb, Kontakt: AG Umweltschutz Südpfalz, c/o Hans-Günter Schumacher, Schlachthofstraße 6, 6728 Germersheim, Telefon 0 72 74 / 26 64
Philippsburg II, DWR, 1.349 MWe, seit 1984 in Betrieb, Kontakt: siehe Philippsburg I

Kernkraftwerk Stade (KKS)
Informationszentrum
2161 Bassenfleth
Telefon 0 41 41 / 1 59 00

Stade, DWR, 662 MWe, seit 1972 in Betrieb, Kontakt: Otto Weckerle und Ilse Onnasch, Hinterstraße 9, 2161 Hollern-Twielenfleth, Telefon 0 41 41 / 74 63

Würgassen, SWR, 670 MWe, seit 1972 in Betrieb als ältestes kommerzielles AKW der BRD, Kontakt: BI Kein Atommüll in Würgassen, c/o Charlotte Garbe, Meinbrexerstraße 7, 3471 Lauenförde, Telefon 0 52 73 / 77 32

Sonstige Anlagen

Versuchs-Endlager Asse
Nur nach Anmeldung bei GSF
Institut für Tieflagerung
Theodor-Heuss-Straße 4
3300 Braunschweig
Telefon 05 31 / 8 01 22 18

Asse, »Versuchsendlager« bei Braunschweig, besteht aus den beiden Komplexen Asse 1 und Asse 2. 1978 mußte die Einlagerung gestoppt werden, weil das Lager Asse 1 abgesoffen war. Mehrere 1000 Fässer schwach- und mittelaktiver Müll sind in der Asse nicht rückholbar »gelagert«. Kontakt: AK gegen Atomenergie, Jasperallee 32, 3300 Braunschweig, Telefon 05 31 / 33 29 14

Zwischenlager Gorleben
Informationshaus der
Brennelementlager Gorleben
GmbH
Lüchower Straße 8
3131 Gorleben
Telefon 0 58 82 / 10 38

Gorleben, — Standort des ersten Brennelemente-»Zwischenlagers« in der BRD, dessen Betrieb gegenwärtig wegen gerichtlicher Intervention gestoppt ist.
— Standort des Endlagers, das trotz ablehnender und warnender Gutachten des amtlich bestellten Geologen im Salzstock eingerichtet werden soll. Die Arbeiten für die Abteufung des Schachtes sind im Gang. Nach offiziellen Aussagen befindet sich das Projekt im Stadium der Erkundung. Nach Aussagen der Bürgerinitiativen wird so lange »erkundet«, bis das Endlager fertig ist.
— Standort des Faßlagers für 30 000 Fässer schwach- und mittelaktiven Atommüll. Vom Gewerbeaufsichtsamt war dieses Lager wegen Mängel des Fußbodens vorübergehend gestoppt. Mit weiteren Einlagerungen wird nach Abflauen der Tschernobyl-Sensibilität der Bevölkerung gerechnet.
— Standort der Konditionierungsanlage. Für diese Anlage zur Vorbereitung des Atommülls für die Endlagerung ist der Genehmigungsantrag gestellt worden.
Kontakt für alle Anlagen: BI Lüchow-Dannenberg, Drawehner Straße 3, 3130 Lüchow, Telefon 0 58 41 / 46 84

Literaturverzeichnis (Bücher):

Bäch, Walter: Strahlenschutzrecht, Leseblattsammlung, 25. Lieferung, Stand Februar 1986, ISBN 3-8078-0011-5.

Blum, A., Kuni, H.: BMFT-Studie KWA 3309 A 7, Arbeitsbedingungen in Wiederaufbereitungsanlagen, Projektabschnitt II, Medizin Teil I, Wissensstand über Strahlengefährdung, Marburg 1985.

Fritz-Niggli, H.: Strahlengefährdung, Strahlenschutz. Ein Leitfaden für die Praxis. Hueber Verlag, Bern, 1975.

Gruber-Weish: Radioaktivität und Umwelt. G. Fischer-Verlag Stuttgart (Neuauflage z. Zt. in Vorbereitung).

Manstein, B.: Strahlen. Fischer-Verlag 1977.

Opitz, N.: Hrsg. Unsere tägliche Gesundheit. Industriegesellschaft und Krankheit. Verlagsgesellschaft Gesundheit. ISBN 3-922866-02-6.

Paul, R.: Der gefährliche Traum: Atomkraft. Eichborn Verlag ISBN 3-8218-1110-2.

Schmitz-Feuerhake, I.: Stellungnahme zum Fragenkatalog »Strahlenrisiko«. Enquetekommission »Zukünftige Kernenergiepolitik«.

Sternglass, E.: Radioaktive Niedrigstrahlung. Oberbaumverlag Berlin (Neuauflage z. Zt. in Vorbereitung).

Teufel u. a.: IFEU-Bericht Nr. 9: Beantwortung des Themenkatalogs »Strahlenrisiko«, Heidelberg 1980.

Literaturverzeichnis:

Archer, V. E.: Geomagnetism, cancer, weather, and cosmic radiation. Health Phys. 34, 1978, 237–247.

Axelson, O. u. a.: Lung cancer residency — A case-referent study on the possible impact of exposure to radon and its daughters in dwellings. Scand. J. Work. Environ. & Health 5, 1979, 10–15.

Barcinski, M. A. u. a.: Cytogenetic investigation in a brazilian population living in an area of high natural radioactivity. Am. J. Hum. Genet. 27, 1975, 802–806.

BMI, 1979, Bundesministerium des Innern: »Allgemeine Berechnungsgrundlagen für die Strahlenexposition bei radioaktiven Ableitungen mit der Abluft und in Oberflächengewässer«, Gemeinsames Ministerialblatt, 15. August 1979.

Bundesregierung, Bericht an den Deutschen Bundestag über »Umweltradioaktivität und Strahlenbelastung im Jahre 1977«, Drucksache 8/3119, 20. 8. 1979.

Gopal-Ayengar, A. R. u. a.: Evaluation of the long-term effects of high background radiation on selected population groups on the Kerala coast. Aus Int. Atomic Energy Agency: Peaceful uses of atomic energy, Vol. 11, Wien 1972, 31–51.

Kochupillai, N. u. a.: Down's syndrome and related abnormalities in an area of high background radiation in coastal Kerala. Nature 262, 1976, 60–61.

Matanowski, G. M. u. a.: The current mortalita rates of radiologistes and other physician specialists: deaths form all causes and from cancer. Am J. Epidemiolog. 101, 1975, 188–198.

Pohl-Rüling, J. u. a.: Chromosome aberrations in peripheral blood lymphocytes dependent on various dose levels of natural radioactivity. Aus Int. Atomic Energy Agency: Biological and environmental effects of low-level radiation. Vol. II, Wien 1976.

Schmitz-Feuerhake, I.; Bätjer, K.; Muschol, E.: Abschätzungen zum somatischen Strahlenrisiko und die Empfehlungen der ICRP-Publikation Nr. 26, 1977. Fortschr. Röntgenstr., 131, 1979, 84–89.

Wesley, J. P.: Background radiation as the cause of fatal congenital malformation. Int. Radiat. Biol. 2, 1907, 97.

Register

Von Grund auf neu bearbeitete Ausgabe des kompakten Standardwerks »Basiswissen Kernkraftwerke«. Das ergänzende Informationspaket zu dem Buch, das Sie gerade in der Hand haben.